Ilka Sokolowski • Janine Czichy

Wildes Leben im Watt

GERSTENBERG

4. Auflage 2024

Text: Ilka Sokolowski, Stadthagen
Illustrationen: Janine Czichy, Hamburg
Der Gerstenberg Verlag dankt Nicole Pekruhl und Claus von Hoerschelmann vom Multimar Wattforum in Tönning für die fachliche Durchsicht.

Druck und Bindung: TBB, a. s., Banská Bystrica
Printed in the Slovak Republic
Gerstenberg Verlag GmbH & Co. KG,
Rathausstraße 18–20, D-31134 Hildesheim
verlag@gerstenberg-verlag.de
ISBN 978-3-8369-5696-3

Vorwort

Eine endlose Weite – das ist vielleicht der erste Eindruck, den du vom Watt bekommst. Und die Stille: Bis auf Wind, Wellen und Möwenschreie ist nichts zu hören. Wirklich nicht? Wenn du die Ohren spitzt, kannst du es bei Ebbe überall knistern hören. Dieser typische Klang des Watts wird von unzähligen winzigen Krebsen erzeugt, die im Schlick leben. Sobald sie ihre Fühler spreizen, platzt das Wasserhäutchen dazwischen. Das klingt wie ein Knistern.
Doch nicht nur der Wattboden steckt voller Leben. Die vielen Vögel fallen dir bestimmt sofort auf! Bis zu zwölf Millionen Zugvögel rasten jährlich im Watt. Hier können sie sich ausruhen und sich wertvolle Energiereserven für die Weiterreise anfressen. Eine Menge Vögel leben aber auch das ganze Jahr über hier. Silbermöwen segeln im Sturmwind, Sanderlinge trippeln am Spülsaum hin und her, in den Dünen brüten die Austernfischer. Vögel sind aber längst nicht alles, was das Watt an wildem Leben zu bieten hat! Seehunde und Kegelrobben sind hier ebenso zu Hause wie die Nordseegarnele, die Strandkrabbe, unzählige Muscheln und die faszinierenden Quallen. Unter Wasser liegt die Welt der Fische, in den Salzwiesen tummeln sich Käfer und Schmetterlinge, auf den Deichen weiden Schafe. Und was wäre das Watt ohne den berühmten Wattwurm, dessen Sandkringel wir bei Ebbe auf dem Wattboden sehen?
Es gibt also ganz unterschiedliche Lebensräume und ihre Bewohner zu entdecken; dieses Buch stellt sie in sechs Kapiteln vor. Ob in Wind und Wellen, am Spülsaum, auf dem Meeresboden, zwischen Meer und Land, unter Wasser oder in den Dünen und Salzwiesen: Das Besondere an den verschiedenen Wattbereichen ist, dass sie oft ineinander übergehen. Viele Vögel beispielsweise kannst du sowohl bei der Futtersuche am Spülsaum als auch in den Salzwiesen beobachten, und bei Ebbe zeigen sich Krabben und Muscheln, die sich sonst unter Wasser verbergen. Wenn sich das Meer vorübergehend zurückgezogen hat, kannst du sogar in ihrem Lebensraum spazieren gehen! Eine längere Wattwanderung unternimmst du am besten zusammen mit einem Wattführer – sicher ist sicher, denn wenn die Flut kommt, kann es gefährlich werden. Solche geführten Wanderungen werden fast überall an der Küste und auf den Inseln angeboten.
Im Anhang des Buches findest du Tipps zur Tierbeobachtung und nützliche Adressen für noch mehr Naturerlebnisse. Das Register auf Seite 63 hilft dir dabei, die einzelnen Arten und wichtige Stichworte im Buch leichter zu finden.
Bist du bereit, das wilde Leben im Watt zu erkunden? Dann nichts wie los! Mit etwas Glück wirst du noch viel mehr Tiere entdecken als die hier vorgestellten.
Viel Spaß dabei!

Das Wattenmeer

Das Wattenmeer der Nordsee ist eine einzigartige Landschaft, wie es sie sonst nirgendwo auf der Welt gibt. Über 400 Kilometer erstreckt es sich entlang der niederländischen und der deutschen Küste bis hinauf zur dänischen Halbinsel Skallingen bei Esbjerg. Insgesamt breitet es sich über ein Gebiet von rund 12 000 Quadratkilometern aus! Landschaft, Tier- und Pflanzenwelt sind so schützenswert, dass das Wattenmeer zum UNESCO-Weltnaturerbe erklärt wurde.

Wind und Wellen prägen das Watt und verändern es unaufhörlich. Hier gibt es Wattströme und Priele, Sandstrände, Dünen und Salzwiesen. Auch die Inseln und Halligen vor der Küste gehören zum Watt. Halligen sind Reste des ehemaligen Festlands oder später durch Sturmfluten entstandener Inseln. Sie erheben sich nur wenige Meter über den Meeresspiegel und sind oft von Sturmfluten bedroht. Einige Halligen sind trotzdem bewohnt. Die Häuser stehen sicherheitshalber auf künstlich aufgeschütteten Erhebungen, den Warften.

Die Gezeiten

Mal ist das Meer da, dann verschwindet es plötzlich. Nach ein paar Stunden ist der Spuk vorbei und das Wasser kommt zurück. Verantwortlich für das ganze Hin und Her sind die Gezeiten, auch Ebbe und Flut genannt. Bei Ebbe zieht sich das Meer zurück. Dann liegt der Meeresboden frei – die scheinbar endlose graubraune Fläche, die nun zu sehen ist, ist das eigentliche Watt. Hat das Wasser seinen niedrigsten Stand erreicht, spricht man von Niedrigwasser. Bei Flut strömt das Wasser zurück. Der höchste Stand ist das Hochwasser. Zwischen Niedrig- und Hochwasser kann ein Höhenunterschied von bis zu fünf Metern liegen.
Ebbe und Flut wechseln zweimal innerhalb von 24 Stunden und 50 Minuten: Von Ebbe zu Ebbe dauert es 12 Stunden und 25 Minuten, von Flut zu Flut ebenfalls. Die Gezeiten verschieben sich also jeden Tag um fast eine Stunde.

Die Priele

Bei Ebbe kannst du sie deutlich erkennen: Zahlreiche Wasserläufe durchziehen das Watt. Das sind die Priele, die auch bei Niedrigwasser nicht trockenfallen. Deshalb sind sie ein lebenswichtiger Rückzugsort für Garnelen, Fische und andere Meerestiere, die ohne Wasser sterben würden. Durch die Priele fließt das Wasser aus dem Watt bei Ebbe ab, bei Flut strömt es darin wieder zurück. Achtung: Die Strömung kann sehr stark sein, deshalb darfst du dort nicht baden! Achte bei einer Wattwanderung auch darauf, dass kein Priel zwischen dir und dem Land liegt. Bei einsetzender Flut wirst du sonst vom Land abgeschnitten. Manche Priele sind so breit und tief, dass auch bei Niedrigwasser noch Schiffe darin fahren können. Dann werden sie Baljen oder Tideströme genannt.

Die Dünen

Eine Menge Sand, ein paar Pflanzen und viel Wind – mehr ist nicht nötig, damit eine Düne entsteht. Der Wind, der am Meer fast immer weht, treibt den Sand vor sich her. Wo der Sand auf ein Hindernis trifft – ein Pflanzenbüschel, ein Stück Treibholz oder einen Stein –, lagert er sich ab. Langsam wächst an dieser Stelle eine Düne heran. Die ersten Dünen bestehen fast nur aus Sand. Schon bald werden sie von Strandquecke, Meersenf und Strandhafer besiedelt. Die Pflanzen halten den Sand mit ihren Wurzeln fest. Allmählich bilden sich Weißdünen, deren Oberfläche durch den feinen Sand fast weiß aussieht. Aus Weißdünen werden mit der Zeit Graudünen: Abgestorbene Pflanzen reichern den Boden an, die obere Bodenschicht wirkt nun eher grau. Vor allem die Vögel des Wattenmeers sind auf Dünen angewiesen, um ungestört brüten zu können. Möwen und Küstenseeschwalben zum Beispiel legen zwischen Dünengräsern ihre Nester an.

Die Salzwiesen

Die Salzwiesen mit ihren kleinen Wasserläufen und Gezeitentümpeln bilden den Übergang zwischen Land und Meer, denn sie liegen zwischen dem Watt und den Deichen. Mehrmals im Jahr werden sie überflutet. Dabei schwemmt das Meer feinen Sand und winzige Schwebteilchen an, die sich ablagern. So entsteht allmählich eine feine Schlickschicht. Darin siedeln sich Pflanzen wie Queller, Strandaster und Strandflieder an, denen der Salzgehalt des Bodens nichts ausmacht. Wo Pflanzen sind, stellen sich bald auch Tiere ein: In den Salzwiesen brüten zum Beispiel Austernfischer. Auch zahlreiche Insekten leben hier.

In Wind und Wellen

Wer sagt, dass Vögel nur in der Luft zu Hause sind? Wenn du an der Küste nach ihnen Ausschau hältst, musst du auch das Meer im Auge behalten. Möwen vollführen halsbrecherische Flugmanöver im Sturmwind, manchmal lassen sie sich auch einfach von den Wellen schaukeln. Mit etwas Glück entdeckst du den mächtigen Seeadler, wie er majestätisch durch die Luft gleitet, um dann blitzschnell auf einen Fisch hinabzustoßen. Dicht über der Wasseroberfläche saust die Küstenseeschwalbe dahin und hält nach Beute Ausschau. Und kennst du schon den geheimnisvollen Meeresraben? Es gibt noch viel mehr gefiederte Wattbewohner, die sowohl dem Seewind als auch dem Meer trotzen.

Die Silbermöwe

Möwen gehören zum Meer wie das Salzwasser und der Wind. Besonders häufig kommt die große Silbermöwe vor. Ihren Namen verdankt sie der silbergrauen Farbe ihrer Flügel. Die typischen Möwenschreie sind weit über das Wasser und das Land zu hören. Im deutschen Namen „Möwe" klingt dieser Ruf lautmalerisch an.

Her mit dem Futter!

Die Silbermöwe probiert fast alles, was fressbar aussieht. Am liebsten mag sie Fisch. Auch kleine Krebse und Muscheln landen in ihrem Schnabel. Manchmal fressen Silbermöwen so viel, dass sie nicht mehr fliegen können, sondern nur noch schwerfällig watscheln. Die Völlerei ist eine Vorsichtsmaßnahme: Fällt das Watt bei Sturm oder starker Flut nicht trocken, müssen die Möwen hungern.

Möwenbande

Im Watt und an der Küste leben noch etliche andere Möwenarten. Die größte ist mit 1,7 Meter Flügelspannweite die Mantelmöwe mit ihren fast schwarzen Flügeldecken. Die Lachmöwe trägt eine schwarze Gesichtsmaske. Hör mal, wie sie ruft – ahnst du, woher sie ihren Namen hat?

Beobachtungstipp

Möwen lernen rasch, wo Futter bequem zu erreichen ist. Achte auf Fischkutter: Fast immer sind sie von Möwenschwärmen umlagert. Sie folgen den Fischern in der Hoffnung, dass ein paar dicke Brocken vom Beifang, also Meerestieren, die unbeabsichtigt im Netz landen und ins Meer zurückgekippt werden, für sie abfallen.

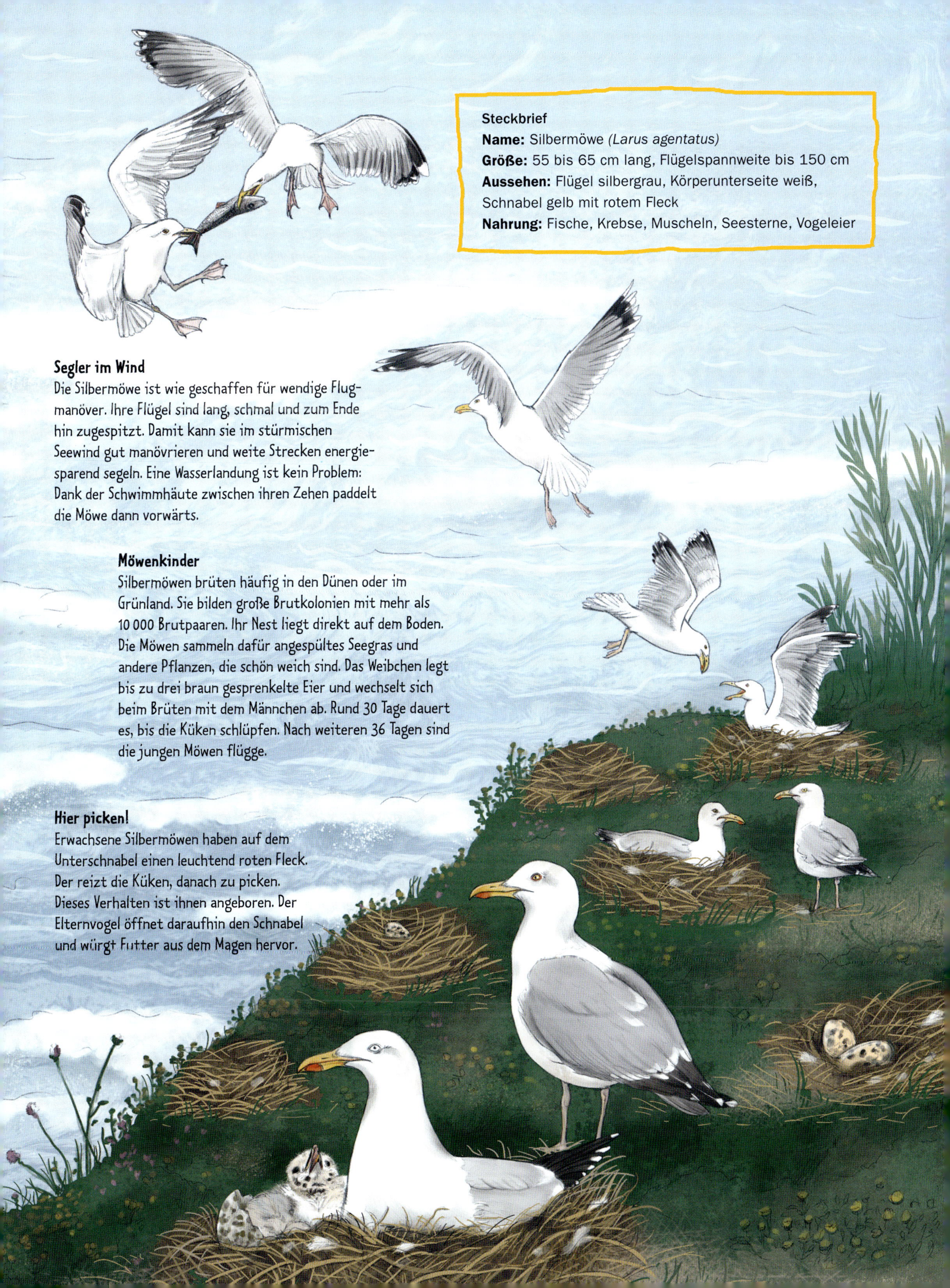

Steckbrief
Name: Silbermöwe *(Larus agentatus)*
Größe: 55 bis 65 cm lang, Flügelspannweite bis 150 cm
Aussehen: Flügel silbergrau, Körperunterseite weiß, Schnabel gelb mit rotem Fleck
Nahrung: Fische, Krebse, Muscheln, Seesterne, Vogeleier

Segler im Wind

Die Silbermöwe ist wie geschaffen für wendige Flugmanöver. Ihre Flügel sind lang, schmal und zum Ende hin zugespitzt. Damit kann sie im stürmischen Seewind gut manövrieren und weite Strecken energiesparend segeln. Eine Wasserlandung ist kein Problem: Dank der Schwimmhäute zwischen ihren Zehen paddelt die Möwe dann vorwärts.

Möwenkinder

Silbermöwen brüten häufig in den Dünen oder im Grünland. Sie bilden große Brutkolonien mit mehr als 10 000 Brutpaaren. Ihr Nest liegt direkt auf dem Boden. Die Möwen sammeln dafür angespültes Seegras und andere Pflanzen, die schön weich sind. Das Weibchen legt bis zu drei braun gesprenkelte Eier und wechselt sich beim Brüten mit dem Männchen ab. Rund 30 Tage dauert es, bis die Küken schlüpfen. Nach weiteren 36 Tagen sind die jungen Möwen flügge.

Hier picken!

Erwachsene Silbermöwen haben auf dem Unterschnabel einen leuchtend roten Fleck. Der reizt die Küken, danach zu picken. Dieses Verhalten ist ihnen angeboren. Der Elternvogel öffnet daraufhin den Schnabel und würgt Futter aus dem Magen hervor.

Der Kormoran

Kormorane können nicht nur fliegen, schwimmen und tauchen, sie kommen zudem sowohl mit Salz- als auch mit Süßwasser zurecht. Deshalb sind sie nicht nur im Watt und an der Küste zu finden, sondern auch an Seen im Landesinnern. Hauptsache, das Wasser ist sauber und fischreich!

Steckbrief
Name: Kormoran *(Phalacrocorax carbo)*
Größe: 70 bis 90 cm lang,
Flügelspannweite 120 bis 140 cm
Aussehen: fast schwarzes Gefieder,
heller Schnabel mit hakenartiger Spitze
Nahrung: Fische

Meeresrabe

Der Kormoran hat ein fast schwarzes Gefieder, auch Beine und Schwimmhäute sind dunkel. Kein Wunder, dass er früher für einen Raben gehalten wurde! Corvinus marinus, „Meeresrabe", nannte man ihn auf Lateinisch. Davon leitet sich sein heutiger Name ab.

Nachwuchs

Ihr Nest bauen Kormorane in Bäumen, manchmal aber auch einfach auf dem Boden oder auf Klippen. Und sie brüten gern in Kolonien. Zwei bis vier hellblaue Eier legt das Kormoranweibchen. Nach etwa drei Wochen schlüpfen die Küken. Ihr erstes Daunenkleid ist dunkelbraun, erst später bekommen sie ein schwarzes Gefieder.

Im Kindergarten

Bis die jungen Kormorane fliegen können, dauert es fast 60 Tage. Auch dann sind sie noch nicht wirklich selbstständig. Die Jungvögel bleiben wie in einer Art Kindergartengruppe zusammen und werden von den Eltern noch für etwa zwei Monate mit Fisch versorgt.

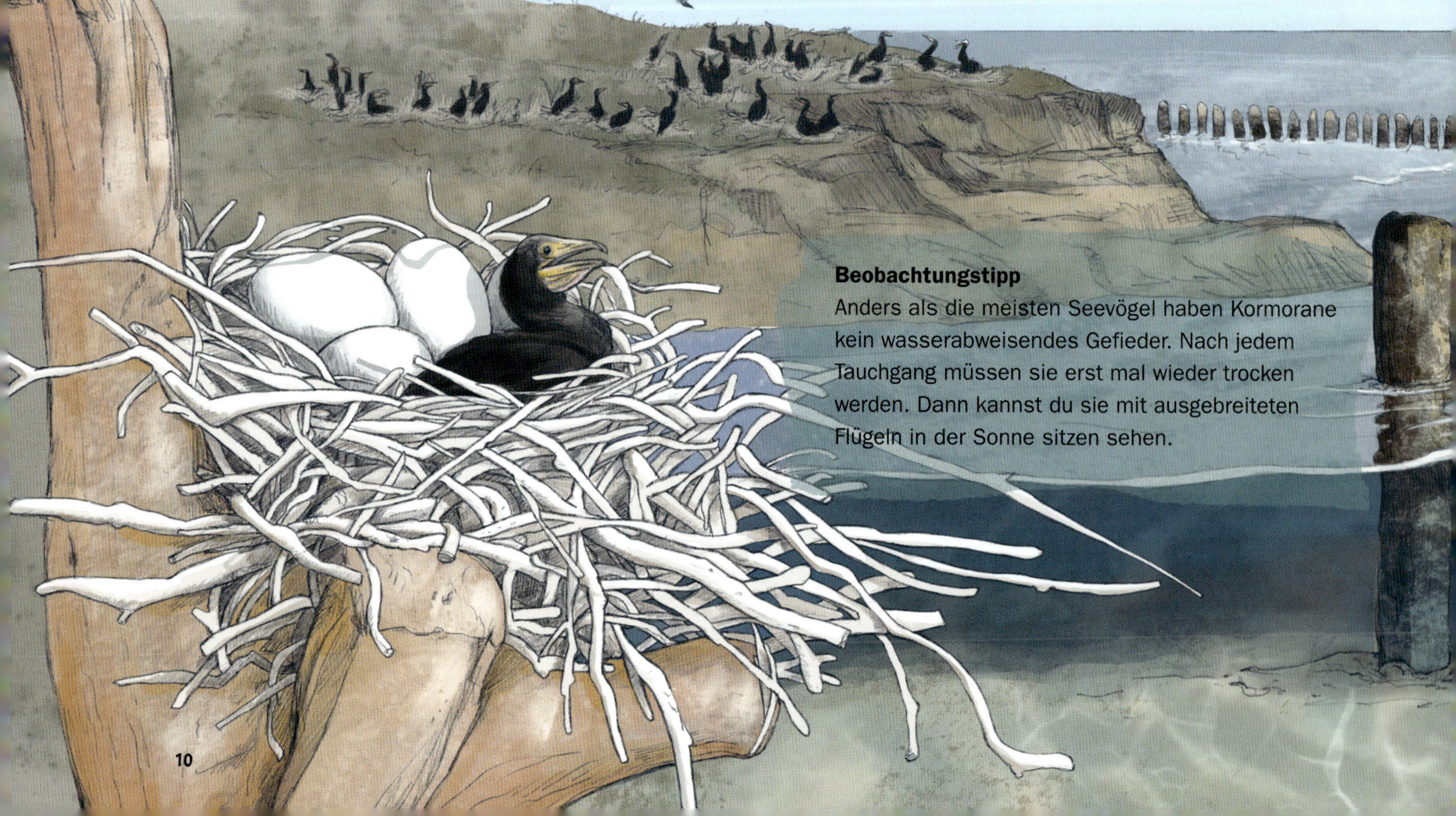

Beobachtungstipp

Anders als die meisten Seevögel haben Kormorane kein wasserabweisendes Gefieder. Nach jedem Tauchgang müssen sie erst mal wieder trocken werden. Dann kannst du sie mit ausgebreiteten Flügeln in der Sonne sitzen sehen.

So geht es auch

Hoch aus der Luft hält der seltene Seeadler nach Beute Ausschau. Die packt er nicht mit dem Schnabel, sondern mit seinen kräftigen Klauen. Bei Kormoranen und anderen Seevögeln ist er nicht beliebt, weil er gern in deren Brutkolonien einfällt und die Nester plündert.

Abgetaucht!

Der Kormoran ist der beste Taucher unter den Vögeln im Watt. Bis zu 90 Sekunden lang kann er unter Wasser bleiben und mehr als 20 Meter tief tauchen. Meistens findet er seine Beute aber schon wenige Meter unter der Wasseroberfläche. Beim Tauchen schiebt sich eine durchsichtige Schutzhaut vor seine Augen, die Nickhaut. So behält der Kormoran unter Wasser den Durchblick.

Fische, wo seid ihr?

Den Kopf ins Wasser halten und aufmerksam umherschwimmen – das ist eine der bevorzugten Jagdmethoden des Kormorans. Oder er taucht mit einem kleinen Sprung ab und bewegt sich mit kräftigen Stoßbewegungen seiner Füße vorwärts. Sein Oberschnabel ist am Ende wie ein Haken gekrümmt. Damit schnappt er zu und lässt seine Beute nicht mehr los.

Die Küstenseeschwalbe

Dieser kleine Vogel ist der Langstreckenflieger unter den gefiederten Gästen im Watt: Von den Winterquartieren im Südpolarmeer bis zu den Brutgebieten im Norden legt er bis zu 20 000 Kilometer zurück! Im Frühling treffen die Küstenseeschwalben im Wattenmeer ein. Einige rasten nur, bevor sie weiter in ihre Brutgebiete in der Nordpolarregion fliegen. Viele bleiben aber auch hier, um zu brüten und ihre Jungen aufzuziehen.

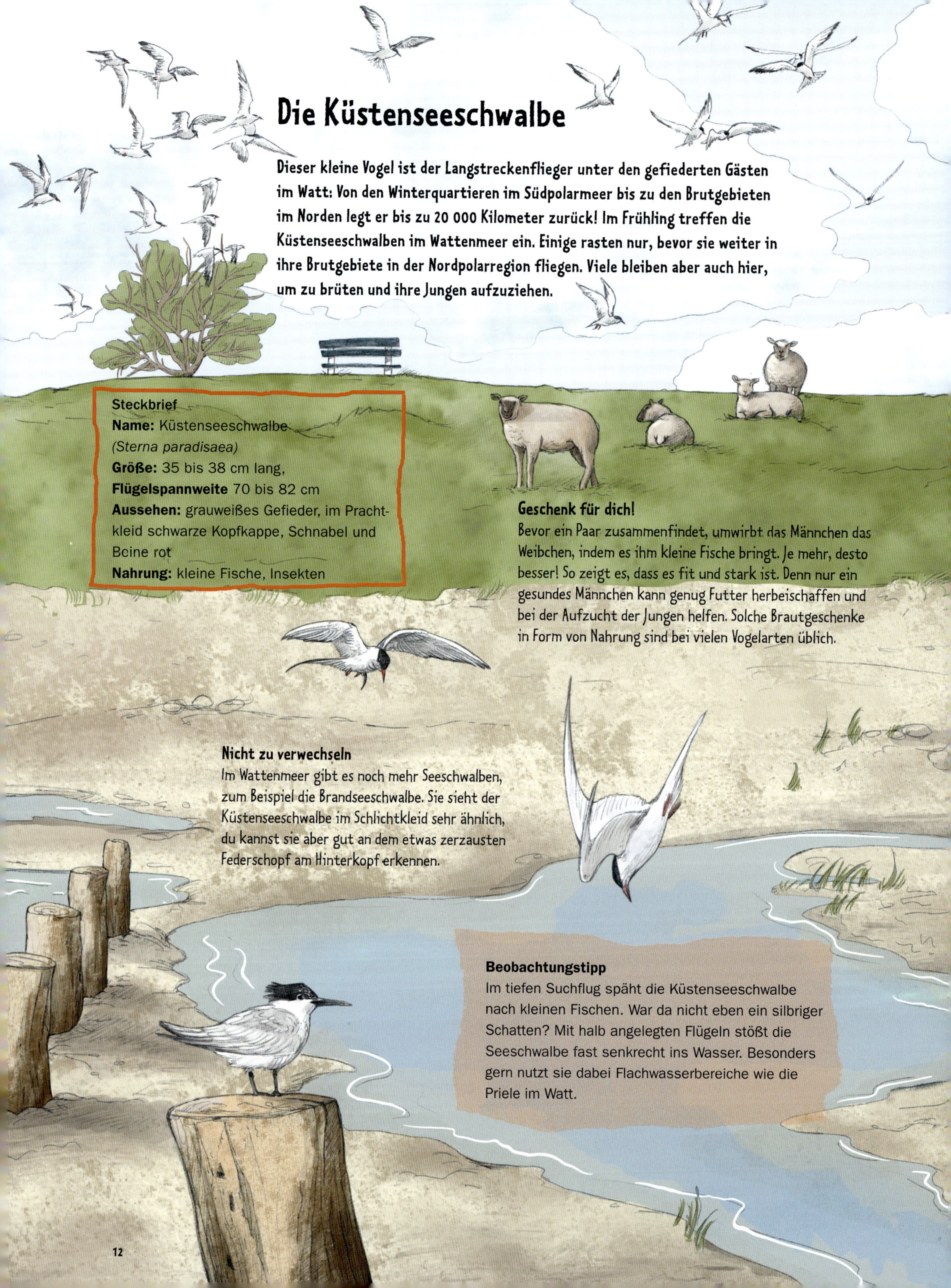

Steckbrief
Name: Küstenseeschwalbe
(Sterna paradisaea)
Größe: 35 bis 38 cm lang,
Flügelspannweite 70 bis 82 cm
Aussehen: grauweißes Gefieder, im Prachtkleid schwarze Kopfkappe, Schnabel und Beine rot
Nahrung: kleine Fische, Insekten

Geschenk für dich!
Bevor ein Paar zusammenfindet, umwirbt das Männchen das Weibchen, indem es ihm kleine Fische bringt. Je mehr, desto besser! So zeigt es, dass es fit und stark ist. Denn nur ein gesundes Männchen kann genug Futter herbeischaffen und bei der Aufzucht der Jungen helfen. Solche Brautgeschenke in Form von Nahrung sind bei vielen Vogelarten üblich.

Nicht zu verwechseln
Im Wattenmeer gibt es noch mehr Seeschwalben, zum Beispiel die Brandseeschwalbe. Sie sieht der Küstenseeschwalbe im Schlichtkleid sehr ähnlich, du kannst sie aber gut an dem etwas zerzausten Federschopf am Hinterkopf erkennen.

Beobachtungstipp
Im tiefen Suchflug späht die Küstenseeschwalbe nach kleinen Fischen. War da nicht eben ein silbriger Schatten? Mit halb angelegten Flügeln stößt die Seeschwalbe fast senkrecht ins Wasser. Besonders gern nutzt sie dabei Flachwasserbereiche wie die Priele im Watt.

Prächtig oder schlicht

Roter Schnabel, rote Beine und eine schwarze Kappe auf dem Kopf, die bis über die Augen reicht – die Küstenseeschwalbe sieht richtig verwegen aus. Dieses Prachtkleid trägt sie aber nur zur Paarungszeit. Später werden Schnabel und Beine wieder dunkel, von der schwarzen Kappe bleibt ein dunkler Rest am Scheitel. Das ist dann das Schlichtkleid.

Nachwuchs

Küstenseeschwalben brüten gern in Kolonien auf den Salzwiesen oder an geschützten Stellen zwischen Dünengräsern. Eine flache Mulde im Boden dient als Nest. Nach drei Wochen schlüpfen die kleinen Seeschwalben. Ihr flaumiges Gefieder ist anfangs braunweiß gesprenkelt. So sind sie gut getarnt.

Abflug

Drei Wochen nach dem Schlüpfen sind die jungen Seeschwalben flügge. Bereits Ende Juni brechen die ersten Vögel wieder zu ihrer langen Reise in den Süden auf. Dabei meiden sie das Land und fliegen die meiste Zeit über dem Meer. Hier herrschen oft günstige Luftströmungen. Trotzdem ist der Flug eine gewaltige Herausforderung. Pro Jahr kommen rund 40 000 Kilometer zusammen – das entspricht einer Reise um die ganze Welt!

Am Spülsaum

Wo das Meer am Land leckt und sich dann wieder zurückzieht, lässt es einen schmalen Streifen mit seinen Gaben zurück. Das ist der Spülsaum, an dem Austernfischer, Sanderlinge und Alpenstrandläufer nach Nahrung suchen. Auch die Eiderente findet sich gelegentlich hier ein. Für dich hält der Spülsaum ebenfalls interessante Entdeckungen bereit: Muscheln, Algen, Treibholz, manchmal Krebse und angeschwemmte Quallen ... Mal sehen, was du findest!

Der Austernfischer

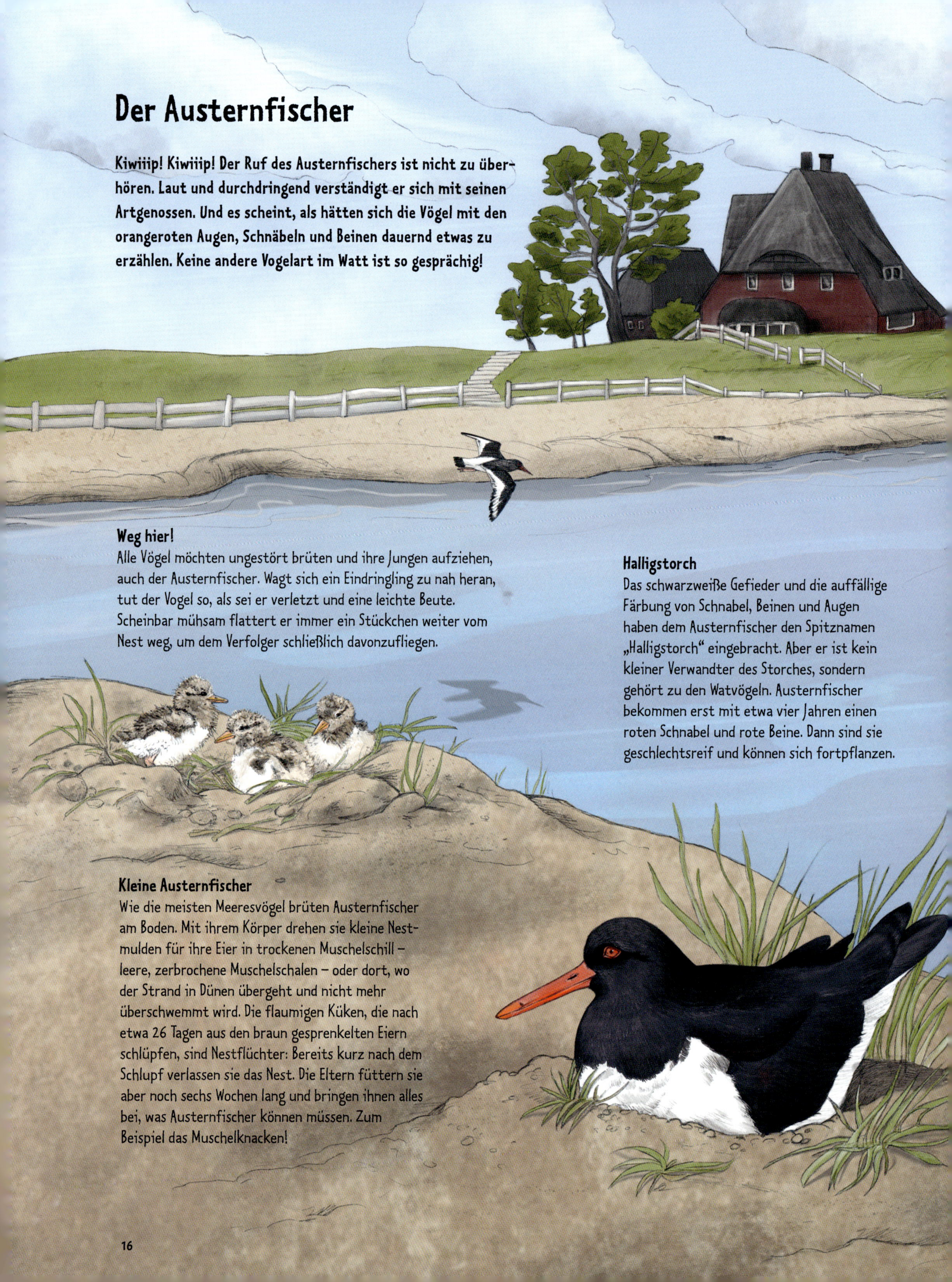

Kiwiiip! Kiwiiip! Der Ruf des Austernfischers ist nicht zu überhören. Laut und durchdringend verständigt er sich mit seinen Artgenossen. Und es scheint, als hätten sich die Vögel mit den orangeroten Augen, Schnäbeln und Beinen dauernd etwas zu erzählen. Keine andere Vogelart im Watt ist so gesprächig!

Weg hier!
Alle Vögel möchten ungestört brüten und ihre Jungen aufziehen, auch der Austernfischer. Wagt sich ein Eindringling zu nah heran, tut der Vogel so, als sei er verletzt und eine leichte Beute. Scheinbar mühsam flattert er immer ein Stückchen weiter vom Nest weg, um dem Verfolger schließlich davonzufliegen.

Halligstorch
Das schwarzweiße Gefieder und die auffällige Färbung von Schnabel, Beinen und Augen haben dem Austernfischer den Spitznamen „Halligstorch“ eingebracht. Aber er ist kein kleiner Verwandter des Storches, sondern gehört zu den Watvögeln. Austernfischer bekommen erst mit etwa vier Jahren einen roten Schnabel und rote Beine. Dann sind sie geschlechtsreif und können sich fortpflanzen.

Kleine Austernfischer
Wie die meisten Meeresvögel brüten Austernfischer am Boden. Mit ihrem Körper drehen sie kleine Nestmulden für ihre Eier in trockenen Muschelschill – leere, zerbrochene Muschelschalen – oder dort, wo der Strand in Dünen übergeht und nicht mehr überschwemmt wird. Die flaumigen Küken, die nach etwa 26 Tagen aus den braun gesprenkelten Eiern schlüpfen, sind Nestflüchter: Bereits kurz nach dem Schlupf verlassen sie das Nest. Die Eltern füttern sie aber noch sechs Wochen lang und bringen ihnen alles bei, was Austernfischer können müssen. Zum Beispiel das Muschelknacken!

Beobachtungstipp
Weil der Austernfischer kein Zugvogel ist, sondern das ganze Jahr über an der Küste bleibt, kannst du ihm dort fast überall begegnen. Oft warten große Schwärme am Strand auf die einsetzende Ebbe.

Endlich Ebbe!
Austernfischer suchen sich ihre Nahrung im Watt und am Spülsaum. Nur bei Ebbe kommen sie gut an Muscheln und Würmer heran. Sie sind also auf die Gezeiten angewiesen. Deshalb gehören sie zu den wenigen Vögeln, die nicht nur am Tag, sondern auch in der Nacht aktiv sind.

Steckbrief
Name: Austernfischer *(Haematopus ostralegus)*
Größe: etwa 43 cm Länge, 80 cm Flügelspannweite
Aussehen: Schnabel, Augen und Beine orangerot, Gefieder schwarzweiß
Nahrung: Muscheln, Würmer, Krebse

Muschelknacker
Mit seinem langen Schnabel stochert der Austernfischer Muscheln aus dem Schlick. Die Beute trägt er zu einer harten Unterlage und hackt mit dem Schnabel darauf ein, bis ein Stückchen Schale herausspringt und er die Muschel aufhebeln kann. Dafür braucht er nur ein paar Sekunden.

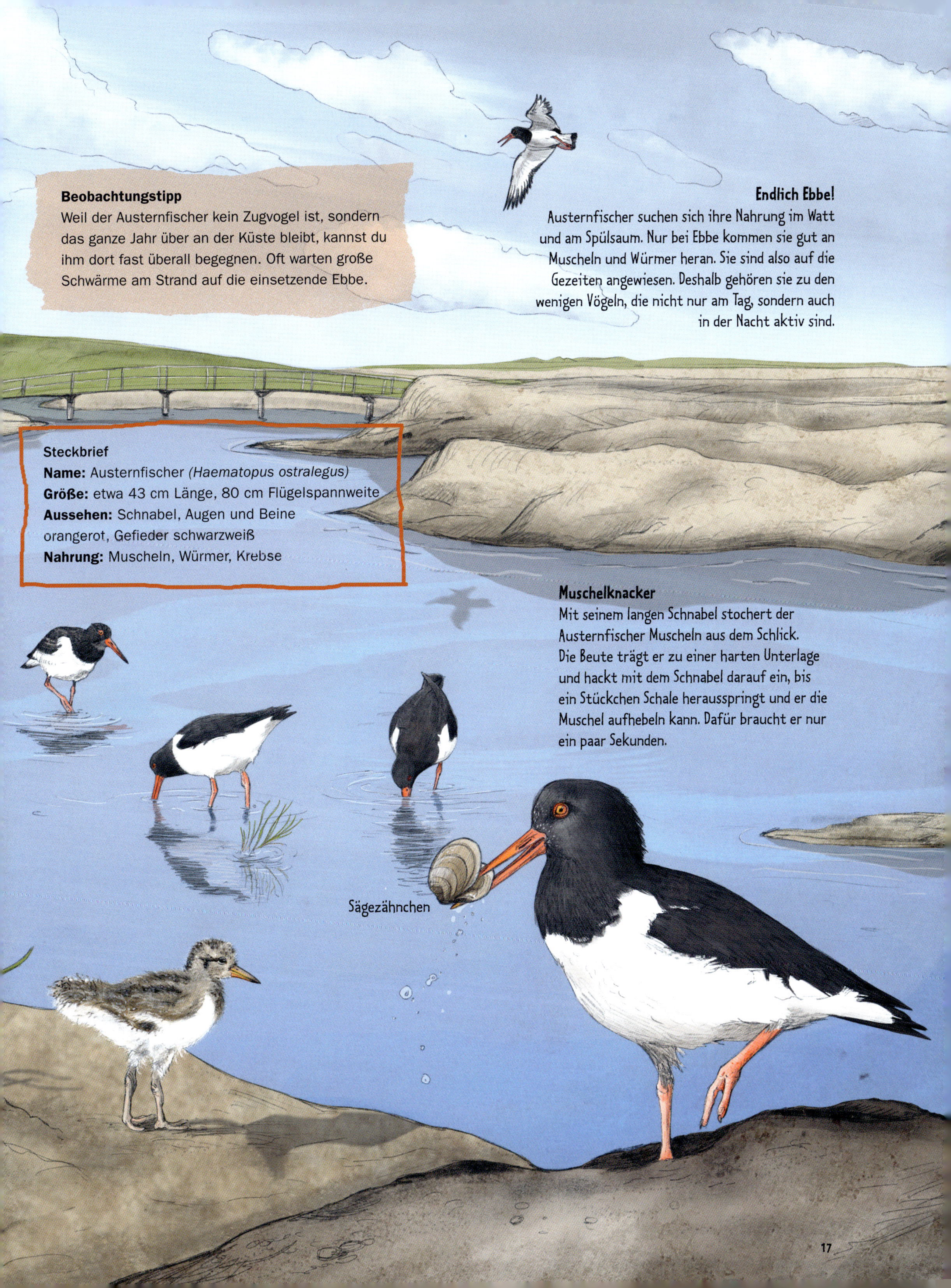

Der Sanderling

Er ist einer der kleinsten Vögel im Watt und wirkt immer ein wenig in Eile: Mit raschen Trippelschritten läuft der Sanderling am Spülsaum hin und her, folgt dem ablaufenden Wasser und weicht den Wellen aus. Das sieht aus, als ob er keine nassen Füße bekommen will. Aber der Sanderling kontrolliert nur, ob das Meer etwas Fressbares für ihn angespült hat.

Beobachtungstipp
Sanderlinge kehren ungefähr im März aus ihren Winterquartieren zurück. Bis Ende Mai, Anfang Juni kannst du sie nun im Watt beobachten, bevor sie in ihre Brutgebiete weiterziehen. Schon Ende Juli kommen die ersten samt Nachwuchs wieder und bleiben etwa bis Oktober. Nur wenige Sanderlinge sind das ganze Jahr über hier.

Steckbrief
Name: Sanderling *(Calidris alba)*
Größe: etwa 20 cm lang, Flügelspannweite bis 40 cm
Aussehen: heller Bauch, Rücken braun gesprenkelt; langer schwarzer Schnabel
Nahrung: Kleinkrebse

Pause machen

Als Zugvögel nutzen Sanderlinge das Watt meist nur als Rastgebiet. Sie überwintern in Südafrika und in Australien, ihre Brutgebiete liegen dagegen hoch im Norden der arktischen Tundra. Der weite Flug kostet die kleinen Vögel viel Kraft. Im Watt können sie sich neue Fettvorräte für die Weiterreise anfressen. Emsig patrouillieren kleine Trupps der Vögel am Spülsaum und picken auf, was das Meer ihnen vor die Füße schwemmt. Winzige Krebse und Würmer bilden die Hauptnahrung.

Auch eine Methode

Die Eiderente, die du mit etwas Glück ebenfalls am Spülsaum beobachten kannst, macht zwischen den hektischen Sanderlingen einen eher behäbigen Eindruck. Unsere mit zwei Kilogramm Gewicht schwerste Meeresente trampelt die Muscheln einfach mit den Füßen aus dem Wattboden und schluckt sie im Ganzen. Das Knacken übernimmt ihr kräftiger Kaumagen, die Schalenreste spuckt sie wieder aus.

Keine Zeit!

Auf Plattdeutsch wird der Sanderling auch Keen Tied genannt – Keine Zeit! Tatsächlich spielt Zeit eine wichtige Rolle im Leben des Vogels: Möglichst rasch muss er viele Fettreserven anlegen und darf keine Zeit verlieren, um zu brüten und seine Jungen aufzuziehen. Nur zu bald geht es schon wieder auf die lange Rückreise in den Süden.

Eins, zwei, drei – fertig!

Als Nest nutzt der Sanderling eine flache Mulde im Kies oder im Sand. Mit trockenen Blättern und Flechten wird sie ein wenig ausgepolstert, bevor das Weibchen bis zu vier olivfarbene und braun gesprenkelte Eier hineinlegt. Die kleinen Sanderlinge erleben eine Entwicklung im Zeitraffer: Sie schlüpfen nach 24 bis 27 Tagen Brutzeit, 17 Tage später sind sie flügge, nach weiteren sieben Tagen bereits völlig selbstständig.

Der Alpenstrandläufer

Seinen Namen hat der Alpenstrandläufer nicht bekommen, weil er die Alpen überquert, sondern weil der Naturforscher Carl von Linné im 18. Jahrhundert brütende Strandläufer in den Gebirgsregionen von Skandinavien beobachtete. So entstand der wissenschaftliche Name Calidris alpina, Alpenstrandläufer. Im Watt ist der zierliche Vogel noch häufiger anzutreffen als der Sanderling.

Steckbrief
Name: Alpenstrandläufer *(Calidris alpina)*
Größe: 17 bis 21 cm, Flügelspannweite bis 35 cm
Aussehen: langer, leicht gebogener schwarzer Schnabel, dunkler Bauchfleck im Sommer, gesprenkelter Rücken
Nahrung: Würmer, Schnecken, kleine Krebse, Insekten

Kleiderwechsel
Im Sommer ist der Alpenstrandläufer besonders gut zu erkennen: Während der Paarungszeit hat er einen dunklen Fleck auf dem Bauch. Sein Rücken ist rotbraun und schwarz gesprenkelt. Im Winter trägt der Vogel sein Ruhekleid: Der Bauch ist weiß, der Rücken graubraun bis grau.

Nachwuchs
Das Nest liegt auf dem Boden in einer kleinen Vertiefung, meist zwischen Grasbüscheln versteckt. Etwa drei Wochen lang brüten Weibchen und Männchen abwechselnd. Schon drei Wochen nach dem Schlupf sind die kleinen Alpenstrandläufer flügge.

Lebende Wolke

Alpenstrandläufer fliegen nicht in einer bestimmten Formation wie Gänse oder Kraniche. Sie bilden eine lebende Wolke, die ständig Form und Farbe ändert – mal siehst du die hellen Bauchseiten der Vögel, dann wieder nur die dunklen Rücken. Das Erstaunliche: Es gibt keinen Anführer. Jeder Vogel orientiert sich jeweils an den fünf bis sechs anderen Vögeln, die direkt neben ihm fliegen, sodass der Schwarm wie ein einziger Körper reagiert.

So viele!

Jedes Jahr im Frühjahr und im Herbst lassen sich rund 1,3 Millionen Alpenstrandläufer im Watt nieder, um sich Fettreserven für die Weiterreise anzufressen. Im Vergleich zu anderen Vögeln fliegen sie gar nicht so weit. Sie überwintern an den Atlantikküsten von Irland, Frankreich und Nordafrika. Ungefähr im März treffen sie im Watt ein, von wo es sie nach einigen Wochen Pause weiter in den Norden in ihre Brutgebiete zieht. Einige Alpenstrandläufer haben aber auch die Salzwiesen des Wattenmeers für sich entdeckt.

Beobachtungstipp

Alpenstrandläufer triffst du oft zusammen mit Sanderlingen am Spülsaum, wo sie Würmer und kleine Krebse suchen. Vielleicht entdeckst du noch mehr Vögel, zum Beispiel den Knutt oder den Rotschenkel. Auch sie sind im Watt unterwegs.

Tschüss, Mama!

Sind die Küken geschlüpft, bleibt das Weibchen nicht mehr lange am Nest. Ungefähr zehn Tage später bricht es allein aus dem Norden zurück ins Wattenmeer auf. Ein bis zwei Wochen lang ist das Männchen nun alleinerziehender Vater. Sobald die Jungen flügge und selbstständig sind, macht es sich ebenfalls auf den Weg ins Watt.

Immer nach Süden

Die kleinen Alpenstrandläufer treten ihre erste Reise allein an. Ihr Instinkt sagt ihnen, dass sie nach Süden ziehen müssen. Früher oder später erreichen sie auf diese Weise das Wattenmeer. Für den großen Vogelzug in die Winterquartiere schließen sie sich den Riesenschwärmen von Alpenstrandläufern an, unter denen irgendwo auch ihre Eltern sind.

Lebensraum Meeresboden

Bei Ebbe kannst du auf dem Meeresboden spazieren gehen und bestaunen, was sonst unter Wasser verborgen liegt. Kein Watt ohne Wurm: Der Meeresboden ist das Reich des unscheinbaren kleinen Wattwurms. Für ein paar Stunden gibt das Wasser auch ein altes Wrack frei, das für viele Tiere zum neuen Lebensraum geworden ist. Auf dem Schiffsrumpf haben sich Seepocken angesiedelt, der Schiffsbohrwurm hat sich ins Holz gebohrt. Überhaupt gibt es hier Muscheln in Hülle und Fülle, Herz- und Miesmuscheln findest du besonders häufig. Die Seesterne haben sich ins tiefere Wasser zurückgezogen, sie mögen es nicht, wenn sie auf dem Trockenen sitzen. Die kleinen Nordseegarnelen verschwinden bei Ebbe am liebsten in den Prielen. Strandkrabben dagegen können vorübergehend auch im Trockenen überleben. Schon mit der nächsten Flut versinken der Meeresboden, das Wrack und seine Bewohner wieder in den Wellen.

Der Wattwurm

Ohne ihn wäre im Watt nicht viel los: Der Wattwurm ist nicht nur eine wichtige Nahrungsquelle für unzählige Vögel, sondern auch ein fleißiger Bodenarbeiter. Unermüdlich arbeitet er sich durch den Schlick. Er frisst den Sand, filtert winzigste Nährstoffe heraus und scheidet den Rest wieder aus.

Eine Menge Ringel

Wie der Regenwurm gehört der Wattwurm zu den Ringelwürmern. Sein Körper besteht aus ringförmigen Abschnitten, den Segmenten. Vorne und Hinten lassen sich leicht auseinanderhalten, das Vorderende ist deutlich dicker als das Hinterende. Es kann so dick sein wie einer deiner Finger. Am Kopfende befindet sich eine Art ausstülpbarer Rüssel.

Gar kein Wurm!

Der Schiffsbohrwurm reist unter falschem Namen, in Wahrheit ist er kein Wurm, sondern gehört zu den Muscheln. Mithilfe seiner harten Schale bohrt er sich in alles, was aus Holz ist.

Borsten und Kiemen

Am Vorderende sitzen rötliche Büschel. Es sind Kiemen, mit denen der Wattwurm unter Wasser atmet. Schließlich wird sein Lebensraum zweimal am Tag vollkommen überschwemmt. Neben den Kiemenbüscheln sprießen Borsten, mit denen der Wurm sich festhält oder fortbewegt.

Steckbrief
Name: Wattwurm *(Arenicola marina)*
Größe: 12 bis 38 cm lang
Aussehen: rotbraun bis braunschwarz gefärbt, Vorderende dicker als Hinterende
Nahrung: Bakterien, Pflanzenreste und winzige Algen im Sand

Wattwurm-Babys

Im Oktober geben die Wattwurmmännchen bei Vollmond ihren Samen ins Wasser ab. Die Weibchen legen ihre Eier ab, sobald der Samen mit der Flut in ihre Wohnröhren gelangt. Aus den befruchteten Eiern schlüpfen kleine Larven, die auf dem Meeresboden heranwachsen.

Beobachtungstipp

Sandkringel und die trichterförmigen Kuhlen im Schlick verraten dir, wo ein Wattwurm lebt: Es sind die Enden der Röhren. Wenn du geduldig wartest, kannst du einen Wurm auf frischer Tat ertappen: Alle 35 bis 45 Minuten kriecht er zum Röhrenende und drückt einen spaghettiartigen Haufen hinaus.

Fleißig!

Ein einziger Wattwurm frisst im Jahr rund 25 Kilogramm Sand. Nun stell dir vor, dass allein auf einem Quadratmeter Wattboden im Schnitt mehr als 40 Würmer leben. Das bedeutet: Innerhalb eines Jahres werden die oberen 20 Zentimeter Sand im gesamten Watt gefressen und wieder ausgeschieden. Für das Watt ist das gut, denn so wird der feste Schlick gelockert und mit Sauerstoff angereichert.

Im Schlick

Wattwürmer leben in u-förmigen Röhren, deren Enden an die Schlickoberfläche führen. Jeder Wurm hat seine eigene Röhre. Die Innenwände sind teilweise mit Schleim verklebt, damit sie nicht einstürzen. Der eine senkrechte Teil vom U ist der Fraßgang: Hier darf der Sand gern einsacken, damit der Wurm ihn fressen und alle Nährstoffe herausfiltern kann. Danach kriecht er rückwärts zum anderen senkrechten Teil und drückt den unverwertbaren Rest hinaus – das sind die unzähligen kleinen Sandkringel, die du überall im Watt siehst. Ganz unten im waagerechten Teil der Röhre ruht der Wurm sich aus.

Die Muscheln

Leere Muschelschalen zu sammeln macht Spaß! Und es gibt so viele verschiedene: Plattmuscheln, Sandklaffmuscheln, Herzmuscheln und Miesmuscheln kommen besonders häufig vor. Sie sehen unterschiedlich aus, haben aber eines gemeinsam: Alle gehören zu den Weichtieren, den Mollusken. Das bedeutet, sie besitzen keine Knochen, ihr weicher Körper wird nur von einem Gehäuse aus Kalk geschützt. Die muschelartigen Seepocken dagegen zählen zu den Krebsen.

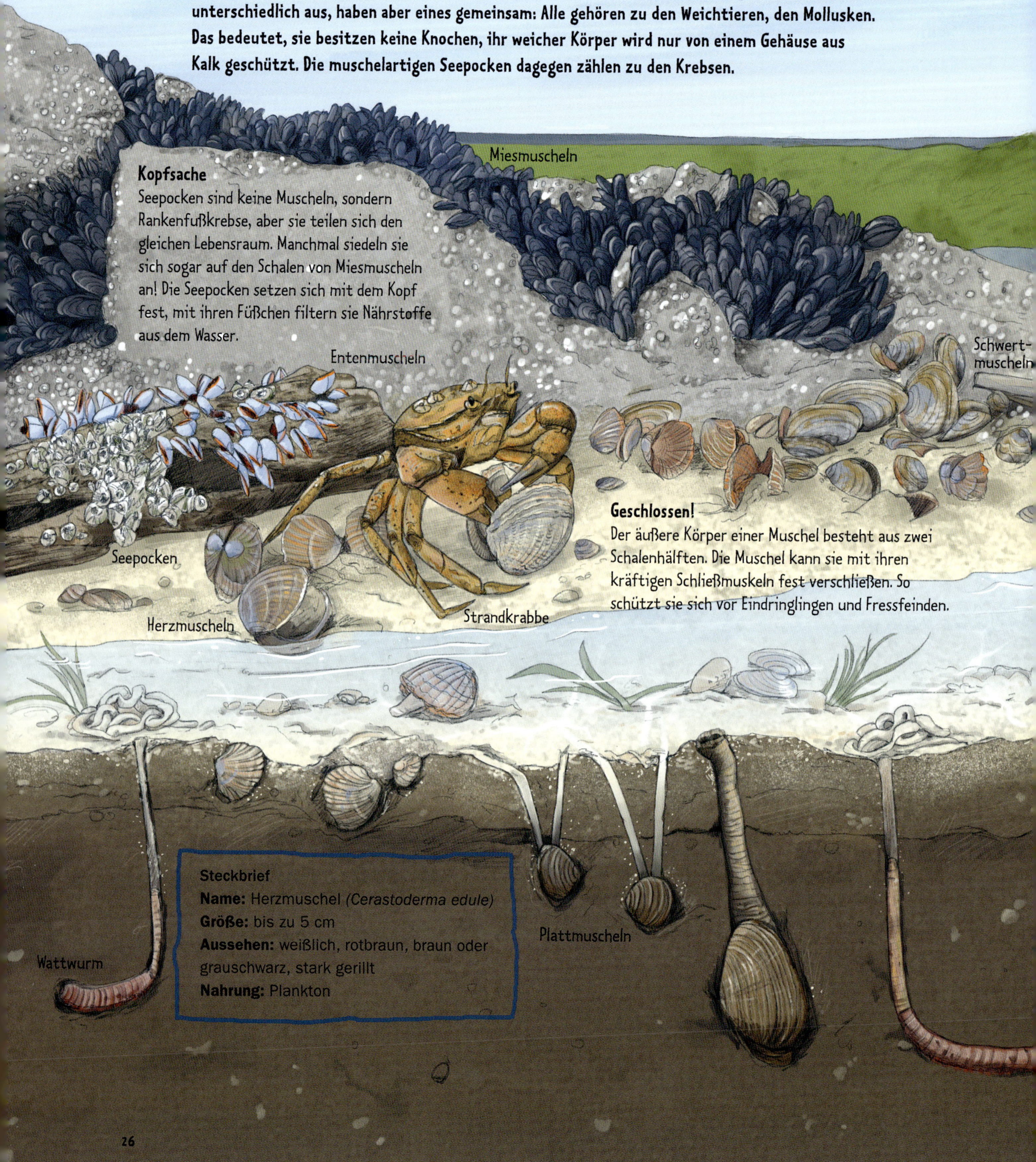

Kopfsache

Seepocken sind keine Muscheln, sondern Rankenfußkrebse, aber sie teilen sich den gleichen Lebensraum. Manchmal siedeln sie sich sogar auf den Schalen von Miesmuscheln an! Die Seepocken setzen sich mit dem Kopf fest, mit ihren Füßchen filtern sie Nährstoffe aus dem Wasser.

Geschlossen!

Der äußere Körper einer Muschel besteht aus zwei Schalenhälften. Die Muschel kann sie mit ihren kräftigen Schließmuskeln fest verschließen. So schützt sie sich vor Eindringlingen und Fressfeinden.

Steckbrief

Name: Herzmuschel *(Cerastoderma edule)*
Größe: bis zu 5 cm
Aussehen: weißlich, rotbraun, braun oder grauschwarz, stark gerillt
Nahrung: Plankton

Beobachtungstipp
Wenn du eine geschlossene Muschel findest, heißt das, sie lebt noch. Vielleicht wurde sie von der Flut angespült. Wirf sie zurück ins Meer, damit sie nicht austrocknet oder erstickt.

Fest verankert
Anders als ein Fisch bewegt sich eine Muschel kaum. Die Herzmuschel gräbt sich mit ihrem Fuß in den Boden ein, um nicht davonzutreiben. Miesmuscheln sondern klebrige braune Fäden ab, mit denen sie sich aneinanderheften. Mit der Zeit wachsen große Miesmuschelbänke heran. Diesen Fäden, die an bräunliches Moos erinnern, verdanken die Miesmuscheln auch ihren Namen: Das alte Wort Mies bedeutet Moos.

Steckbrief
Name: Miesmuschel *(Mytilus edulis)*
Größe: bis 10 cm
Aussehen: blauschwarz, länglich bis oval
Nahrung: Plankton

Mini-Muscheln
Muscheln sorgen auf verschiedene Weise für Nachwuchs. Am häufigsten ist diese Methode: Männliche und weibliche Muscheln geben Samen und Eizellen gleichzeitig ins Wasser ab. Dort findet die Befruchtung statt. Aus den Eiern schlüpfen Larven, die sich am Meeresgrund zu Jungmuscheln entwickeln.

Atmen unter Wasser
Wie die Fische besitzen Muscheln Kiemen, um unter Wasser zu atmen. Außerdem filtern sie damit Plankton aus dem Meer, winzige Lebewesen, von denen sie sich ernähren. Viele Muscheln wie die Herzmuschel haben zwei spezielle Röhren, die Siphonen. Durch den einen Sipho strömt das Wasser ein, wird durch die Kiemen gefiltert und durch den anderen Sipho wieder ausgestoßen.

Der Seestern

Sterne auf dem Meeresboden – mit ihren Armen und der schönen Färbung erinnern Seesterne tatsächlich ein bisschen an Himmelskörper. Manche haben bis zu 50 Arme und sind von gelber, blauer oder roter Farbe. Im Wattenmeer kommt der Gemeine Seestern am häufigsten vor. Er hat nur fünf Arme und ist meist in Orangetönen gefärbt. Im tieferen Wasser fühlt er sich am wohlsten.

Beobachtungstipp

Seesterne halten sich in bis zu 200 Metern Tiefe auf. Doch es kommt immer wieder vor, dass sie an Land gespült werden. Nach einer stärkeren Flut hast du die besten Chancen, einen Seestern am Strand zu finden.

Wunderheilung

Seesterne verfügen über eine bemerkenswerte Fähigkeit: Verlieren sie einen oder mehrere ihrer Arme, wachsen diese nach. Mindestens ein Arm muss erhalten bleiben, damit der Seestern überleben kann.

Kraftprotz

Der Seestern ist der Schrecken aller Miesmuscheln. Die sind seine Leibspeise, und er knackt sie mit purer Kraft. Zunächst umklammert er die Muschel mit den Armen und hält sich mit seinen Saugfüßchen fest. Dann versucht er die Schalen auseinanderzudrücken. Die Muschel hat ebenfalls starke Muskeln, doch irgendwann lässt ihre Kraft nach. Außerdem muss sie frisches Wasser durch ihre Kiemen spülen. Öffnet sie ihre Schalen nur einen winzigen Spalt breit, hat der Seestern gewonnen: Er stülpt seinen Magen hervor und schlürft das Muschelinnere aus.

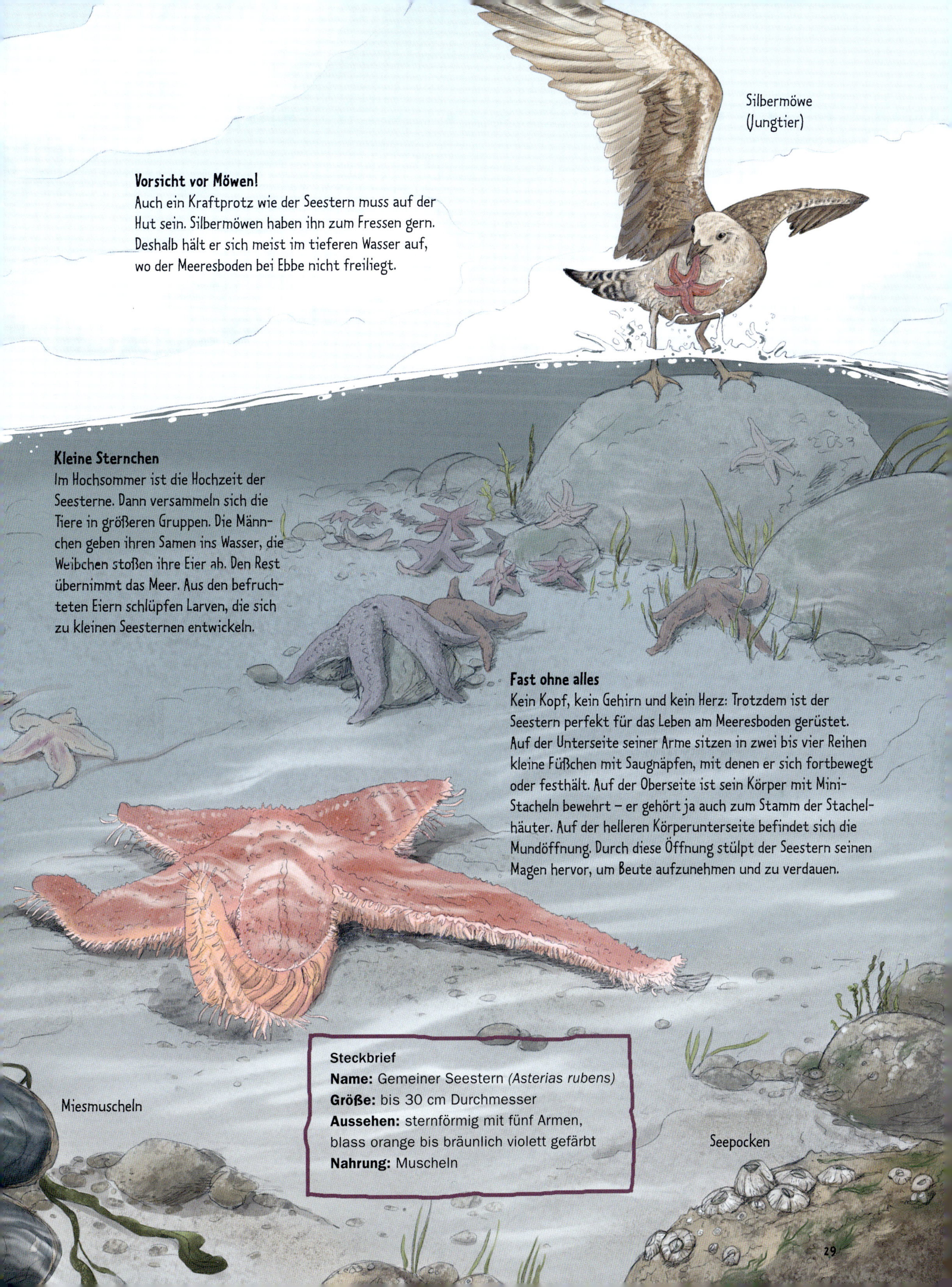

Vorsicht vor Möwen!
Auch ein Kraftprotz wie der Seestern muss auf der Hut sein. Silbermöwen haben ihn zum Fressen gern. Deshalb hält er sich meist im tieferen Wasser auf, wo der Meeresboden bei Ebbe nicht freiliegt.

Kleine Sternchen
Im Hochsommer ist die Hochzeit der Seesterne. Dann versammeln sich die Tiere in größeren Gruppen. Die Männchen geben ihren Samen ins Wasser, die Weibchen stoßen ihre Eier ab. Den Rest übernimmt das Meer. Aus den befruchteten Eiern schlüpfen Larven, die sich zu kleinen Seesternen entwickeln.

Fast ohne alles
Kein Kopf, kein Gehirn und kein Herz: Trotzdem ist der Seestern perfekt für das Leben am Meeresboden gerüstet. Auf der Unterseite seiner Arme sitzen in zwei bis vier Reihen kleine Füßchen mit Saugnäpfen, mit denen er sich fortbewegt oder festhält. Auf der Oberseite ist sein Körper mit Mini-Stacheln bewehrt – er gehört ja auch zum Stamm der Stachelhäuter. Auf der helleren Körperunterseite befindet sich die Mundöffnung. Durch diese Öffnung stülpt der Seestern seinen Magen hervor, um Beute aufzunehmen und zu verdauen.

Steckbrief
Name: Gemeiner Seestern *(Asterias rubens)*
Größe: bis 30 cm Durchmesser
Aussehen: sternförmig mit fünf Armen, blass orange bis bräunlich violett gefärbt
Nahrung: Muscheln

Die Nordseegarnele

Hast du schon einmal ein Krabbenbrötchen gegessen? Gekocht und aus ihrer Schale gepult gelten die kleinen Nordseegarnelen, die wir meist einfach Krabben nennen, als Leckerbissen. Krabbenkutter holen pro Jahr mehr als 20 000 Tonnen aus der Nordsee. Doch auch bei der Tierwelt im Watt sind die Garnelen heiß begehrt: Vögel, Fische und junge Robben stellen ihnen nach. Aber Nordseegarnelen kennen eine Menge Tricks, um allen ein Schnippchen zu schlagen!

Es geht auch rückwärts

Ein schneller Schwimmer ist die Nordseegarnele zwar nicht, doch mit ihren zehn Füßchen bewegt sie sich im Krabbentempo unter Wasser fort. Droht Gefahr, legt sie den Rückwärtsgang ein, indem sie den Hinterleib rasch ein- und ausklappt.

Steckbrief
Name: Nordseegarnele *(Crangon crangon)*
Größe: bis zu 8 cm lang
Aussehen: länglicher Körper, durchscheinend, sandfarben, lange Fühler, große Augen
Nahrung: Algen, Fischlarven, winzige Würmer, Krebse und Aas

Unsichtbar

Der beste Schutz vor Verfolgern ist, sich unsichtbar zu machen. Das beherrscht die Garnele perfekt. Ihr fast durchsichtiger Körper fällt auf dem Wattboden kaum auf. Ihre Färbung kann sie dem Untergrund sogar mithilfe von Pigmentzellen anpassen: Mal sieht sie eher grauweiß aus, dann wieder sandfarben.

Beobachtungstipp
Halte nicht nach braunroten Exemplaren Ausschau: So sehen Krabben erst aus, wenn sie gekocht werden. In Ostfriesland nennt man sie auch Granat, weil ihre Farbe dann an diesen Schmuckstein erinnert. Am Spülsaum kannst du zwischen Tang und anderem Strandgut immer wieder einzelne Garnelen entdecken, die von der Flut angespült wurden.

Wanderer zwischen den Gezeiten
Mit der Flut gelangen die kleinen Garnelen näher an den Strand, bei Ebbe zieht es sie wieder in tieferes Wasser. Häufig stranden sie in Prielen, die nie austrocknen. Im Herbst scheinen die Nordseegarnelen völlig aus dem Watt zu verschwinden, aber sie ziehen sich nur in tiefere Bereiche zurück.

Vom Ei zur Krabbe
Die Paarung der Nordseegarnelen findet meist in der Nacht statt. Danach befestigt das Weibchen seine Eier an besonderen Borsten am Hinterleib. Rund einen Monat später schlüpfen die Larven. Ihr Leben besteht vor allem aus Fressen, Wachsen und sich Häuten. Bis zu 25-mal wechselt eine heranwachsende Garnele die äußere Hülle, weil sie ihr zu klein geworden ist. Diese Entwicklung vom Ei zur Larve und von der Larve zur endgültigen Erscheinungsform heißt Metamorphose.

Ich bin gar nicht da!
Wenn es brenzlig wird und viele Krabbenjäger unterwegs sind, hilft nur eins: Schnell verschwinden! In nur drei Sekunden vergräbt sich die Nordseegarnele im Schlick, bis nur noch ihre langen Antennen und die großen Augen herausschauen. So ist sie vor allem tagsüber gut vor Fressfeinden geschützt. Gegen Fischernetze, die über den Boden gezogen werden, hilft dieser Trick leider nicht.

Die Strandkrabbe

Wenn du schon einmal eine Strandkrabbe an Land beobachtet hast, ist dir bestimmt aufgefallen, dass sie sich immer seitwärts bewegt – wegen der Anordnung ihrer Beine kann sie nicht geradeaus laufen. Auf Plattdeutsch wird sie deshalb auch Dwarslöper – „Querläufer“ – genannt.

Steckbrief
Name: Strandkrabbe *(Carcinus maenas)*
Größe: 5 bis 8 cm
Aussehen: gelblich bis rötlich braun mit Rückenpanzer, zwei große Scheren
Nahrung: kleine Krebstiere, Muscheln, Würmer, Aas

Überlebenskünstler

Strandkrabben verbringen die meiste Zeit ihres Lebens unter Wasser. Deshalb atmen sie über Kiemen, die seitlich unter ihrem Rückenpanzer liegen. Doch manchmal werden sie an Land gespült oder von der Ebbe überrascht und schaffen es nicht, sich in einen Priel zu retten. In so einem Notfall versorgt sie das in ihren Kiemenhöhlen gespeicherte Wasser für eine kurze Zeit mit dem nötigen Sauerstoff. Zur Not muss sie Wasser „nachtanken“.

Er oder Sie?

Auf den ersten Blick sehen alle Strandkrabben gleich aus. Weibchen kann man von Männchen aber an ihrem rundlicheren Hinterleib unterscheiden. Die Männchen haben dagegen einen dreieckigen Schwanzstummel auf ihrer Unterseite.

Beobachtungstipp
Warte auf Niedrigwasser, mit etwas Glück siehst du dann eine Strandkrabbe über den Meeresboden laufen. Die Tiere verstecken sich auch gern unter Steinen und zwischen Tangbüscheln. Am Strand liegen manchmal leere Krabbenpanzer.

Mit Rüstung
Die Krabbe gehört zu den Zehnfußkrebsen. Sie hat fünf Beinpaare, aber nur vier davon sind zum Laufen bestimmt. Das erste Beinpaar ist zu großen Scheren umgebildet. Der Rückenpanzer erinnert in seiner Form an ein Fünfeck. Mit diesem Panzer und den kräftigen Scheren scheint die Krabbe gut gerüstet, um Fressfeinde abzuwehren. Drohend hält sie einem Angreifer ihre geöffneten Scheren entgegen. Große Silbermöwen lassen sich davon aber nicht abschrecken ...

Das richtige Werkzeug
Die beiden Scheren sind unterschiedlich groß. Die größere ist die Knackschere. Die Krabbe kann damit zum Beispiel die Schalen junger Muscheln knacken. Die kleinere Schere ist besonders scharf. Sie dient zum Zerkleinern von weicherer Beute. Ganz schön praktisch: Verliert die Krabbe eine ihrer Scheren oder ein Bein, so wächst der Körperteil wieder nach.

Begehrte Beute
Krabben leben gefährlich: Längst nicht alle Mini-Krabben schaffen es bis ins Erwachsenenalter, mehr als die Hälfte wird vorher gefressen. Strandkrabben gehören zu den wichtigsten Beutetieren von Vögeln und Fischen. Und Kannibalen gibt es auch: Größere Krabben fressen kleinere, wenn sie die Gelegenheit dazu haben.

Krabbenbabys
Strandkrabben paaren sich im Sommer. Unter seinem Pleon trägt das Weibchen danach bis zu 200 000 Eier in einem großen gelben Ballen mit sich herum. Aus den Eiern schlüpfen kleine Schwimmlarven. Erst im nächsten Frühjahr sind aus den Larven durch Metamorphose kleine Krabben geworden. Die Krabbenbabys wachsen schnell und häuten sich häufig. Immer wieder wird ihnen ihr Panzer zu klein. Unter dem alten Panzer ist dann bereits der neue herangewachsen. Ihre endgültige Größe erreichen Krabben mit etwa drei Jahren.

Zwischen Meer und Strand

Etwas weiter draußen im Wattenmeer liegt das Reich der Seehunde und Kegelrobben. Vor allem die Sandbänke sind ihr Revier. Dort kannst du die beiden Robbenarten, die in der Nordsee heimisch sind, beim Ausruhen und Säugen ihrer Jungen beobachten. Natürlich nur aus der Entfernung, denn die scheuen Meeressäuger reagieren sehr empfindlich auf Störungen! An einigen Stellen im Watt zeigen dir Hinweisschilder, wo du nicht weitergehen darfst. Weißt du, wie du dich richtig verhältst, wenn du ein einsames Robbenbaby entdeckst? Auf den nächsten Seiten erfährst du es!

Der Seehund

Seehunde gehören zu den Robben, und wie alle Robben verbringen sie den größten Teil ihres Lebens im Wasser. An Land kommen sie, um sich auszuruhen, ihr Fell zu wechseln und ihre Jungen zur Welt zu bringen. Ihren Namen verdanken Seehunde übrigens der Form ihres Kopfes, die ein bisschen an einen Hund erinnert.

Steckbrief
Name: Seehund *(Phoca vitulina)*
Größe: bis 1,70 m
Aussehen: graubraunes Fell mit dunklen Flecken, große dunkle Augen
Nahrung: Fische und Muscheln

Kinderstube

Auf einer Sandbank befindet sich auch die Kinderstube der Seehunde. Nach elf Monaten bringt ein Seehundweibchen ein Junges zur Welt. Das Kleine hat bereits ein richtiges Fell und kann schwimmen. Das ist wichtig, denn schon bei der nächsten Flut wird die Sandbank überschwemmt. Rund sechs Wochen wird der kleine Seehund gesäugt, dank der fettreichen Milch wächst er rasch. Dann lässt die Mutter ihn allein. Von nun an muss er selbst für sich sorgen und Fische fangen. Zum Glück weiß er instinktiv, wie das geht – er muss nur ein wenig üben.

Beobachtungstipp

Bei einer geführten Wattwanderung und ausgerüstet mit einem Fernglas kommst du so nahe wie möglich an die Tiere, ohne sie zu stören. Oft werden auch Schiffstouren angeboten, die an den Robbenbänken vorbeiführen.

Einfach perfekt

Seehundfell ist sehr dicht: Auf einem Quadratzentimeter wachsen bis zu 50 000 Haare! Zusätzlich schützt eine fünf Zentimeter dicke Speckschicht die Tiere vor Auskühlung, wenn sie in der kalten Nordsee tauchen.

Heringsschwarm

Wer heult da?
Mutter und Kind verständigen sich mit einem Kontaktruf, der wie ein Heulen klingt: „Hier bin ich, wo bist du?“ Deshalb werden kleine Seehunde auch Heuler genannt. Sie rufen nach ihrer Mutter, wenn sie im Meer durch starke Strömungen voneinander getrennt werden. Aber nicht jeder junge Seehund, der allein am Strand liegt, ist in Not. Oft ist die Mutter nur auf der Jagd und kehrt bald zurück.

Seehundjäger
Falls du nicht sicher bist, ob ein Seehund Hilfe braucht, kannst du einen Seehundjäger verständigen. Keine Sorge: Diese Experten jagen die Tiere nicht, sondern fangen sie, falls es nötig ist, und bringen sie in eine Seehundstation.

Bitte nicht stören!
Je näher du einem Heuler kommst, desto mehr Stress bedeutet das für ihn. Also Abstand halten! Auch von den Sandbänken, auf denen sich die Tiere ausruhen, hältst du dich am besten fern. Das gilt besonders, wenn die Babys gerade gesäugt werden. Bei jeder Störung flüchten die Tiere ins Meer und die Kleinen müssen hungrig bleiben.

Lieber allein
Seehunde sind Einzelgänger, sie jagen und schwimmen allein. Nur auf den Sandbänken wird es manchmal eng: Dicht liegen die Tiere beieinander, selbst wenn genug Platz ist. An Land fühlen sie sich in der Gruppe einfach sicherer.

Super-Jäger
An Land wirken Seehunde unbeholfen, im Wasser sind sie in ihrem Element! Flink und wendig tauchen sie durch die Fluten und jagen Fischen hinterher. Dabei werden sie bis zu 35 Kilometer pro Stunde schnell und können eine halbe Stunde unter Wasser bleiben, ohne einmal Luft zu holen. Ihre Beute finden sie dank der empfindlichen Tasthaare an der Schnauze sogar im Dunkeln. Damit spüren sie kleinste Wasserwirbel, die von Fischen verursacht werden.

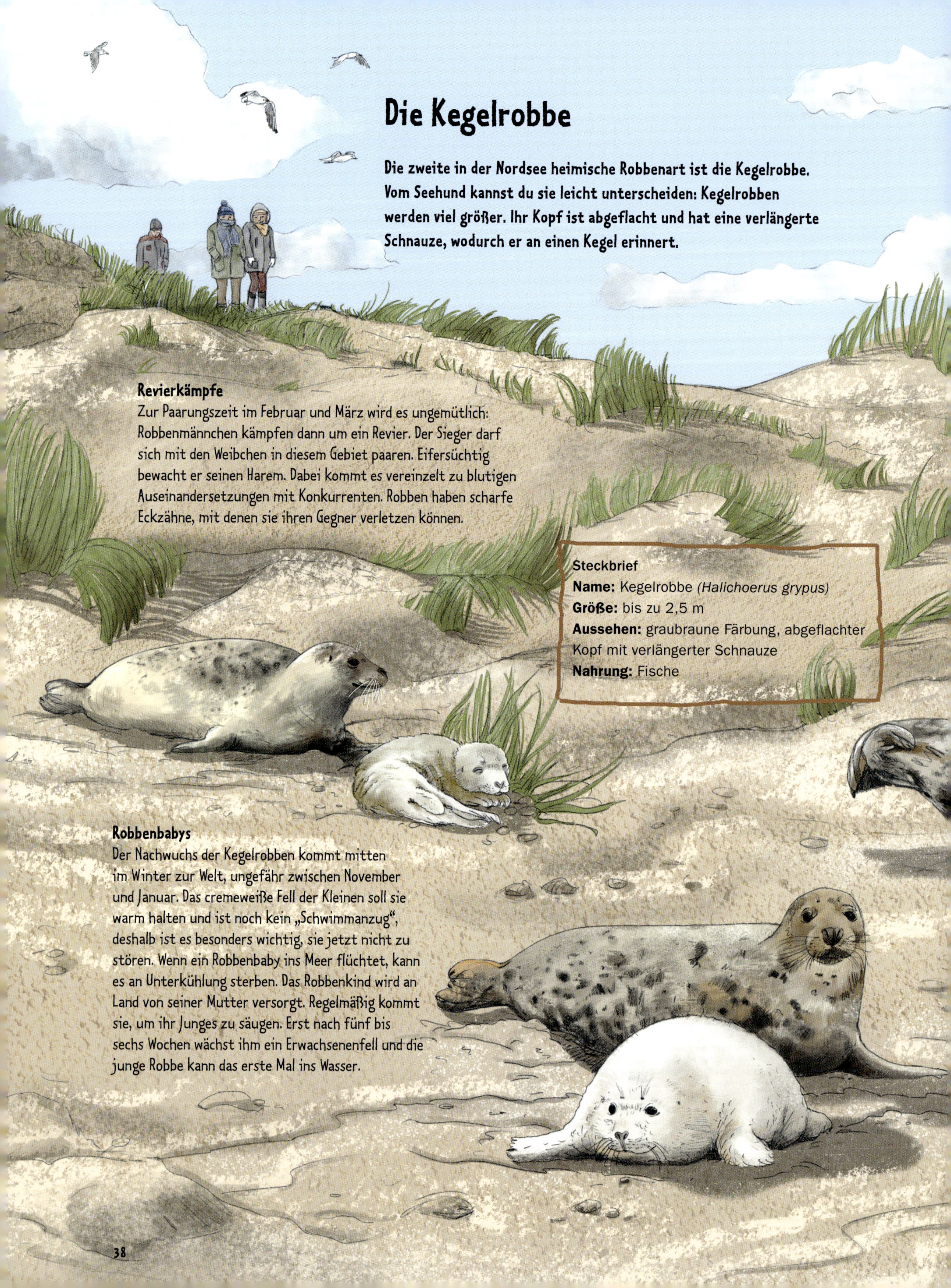

Die Kegelrobbe

Die zweite in der Nordsee heimische Robbenart ist die Kegelrobbe. Vom Seehund kannst du sie leicht unterscheiden: Kegelrobben werden viel größer. Ihr Kopf ist abgeflacht und hat eine verlängerte Schnauze, wodurch er an einen Kegel erinnert.

Revierkämpfe

Zur Paarungszeit im Februar und März wird es ungemütlich: Robbenmännchen kämpfen dann um ein Revier. Der Sieger darf sich mit den Weibchen in diesem Gebiet paaren. Eifersüchtig bewacht er seinen Harem. Dabei kommt es vereinzelt zu blutigen Auseinandersetzungen mit Konkurrenten. Robben haben scharfe Eckzähne, mit denen sie ihren Gegner verletzen können.

Steckbrief
Name: Kegelrobbe *(Halichoerus grypus)*
Größe: bis zu 2,5 m
Aussehen: graubraune Färbung, abgeflachter Kopf mit verlängerter Schnauze
Nahrung: Fische

Robbenbabys

Der Nachwuchs der Kegelrobben kommt mitten im Winter zur Welt, ungefähr zwischen November und Januar. Das cremeweiße Fell der Kleinen soll sie warm halten und ist noch kein „Schwimmanzug", deshalb ist es besonders wichtig, sie jetzt nicht zu stören. Wenn ein Robbenbaby ins Meer flüchtet, kann es an Unterkühlung sterben. Das Robbenkind wird an Land von seiner Mutter versorgt. Regelmäßig kommt sie, um ihr Junges zu säugen. Erst nach fünf bis sechs Wochen wächst ihm ein Erwachsenenfell und die junge Robbe kann das erste Mal ins Wasser.

Fisch, Fisch, Fisch!

Bis zu 10 Kilogramm Futter benötigt eine ausgewachsene Kegelrobbe täglich. Also muss sie immer wieder abtauchen und jagen. Sie kann bis zu 20 Minuten unter Wasser bleiben und dabei Tiefen von bis zu 140 Metern erreichen. Genau wie der Seehund bewegt sie sich mit kräftigen Schlägen ihrer Schwanzflosse vorwärts.

Beobachtungstipp

Manchmal teilen sich die Kegelrobben die wenigen trockenen Plätze mit Seehunden. Friedlich liegen die Tiere nebeneinander auf einer Sandbank. Versuch mal, ob du sie mit dem Fernglas unterscheiden kannst. Wenn du Robben ganz aus der Nähe sehen möchtest, besuch die Seehundstationen in Friedrichskoog oder Norddeich.

Männchen oder Weibchen?

Bei den Kegelrobben erkennt man das am Fell. Robbenmännchen haben ein dunkles Fell mit hellen Flecken, beim Weibchen ist es umgekehrt – helles Fell und dunkle Flecken. Die Männchen werden außerdem größer.

Typisch Robbe

Kegelrobben und Seehunde haben vieles gemeinsam: Beide besitzen scharfe Krallen an den Vorderflossen, mit denen sie sich prima das Fell kratzen können, und haben Tasthaare. Ohröffnungen und Nasenlöcher sind verschließbar. An Land nutzen sie die gleiche Methode, um sich fortzubewegen: Sie robben durch den Sand, wobei sie sich mit den Vorderflossen abstützen.

Die Unterwasserwelt

Unter der Wasseroberfläche befindet sich eine ganz eigene Welt. Hier leben Tiere, die das Meer nie verlassen, es sei denn, eine starke Flut spült sie an Land. Den durchscheinenden Quallen ergeht es manchmal so. Viele der Fische haben eine eigenartig flache Form: Es sind Plattfische wie Scholle und Seezunge. Die Sandgrundel fühlt sich am wohlsten am sandigen Meeresboden, wo sie gut getarnt auf Beute lauert. Weiter draußen im Meer suchen der kleine Schweinswal und der harmlose Katzenhai nach Fischen. Die verstecken sich gern in den Seegraswiesen. Hier legt auch der Hering seine Eier ab. Beim Tauchen oder Schnorcheln kannst du so manchem Bewohner dieser Unterwasserwelt begegnen. Die ganze Vielfalt lässt sich aber am besten in einem der großen Meeresaquarien an der Küste entdecken.

Die Quallen

Schön und geheimnisvoll sehen die zarten Quallen aus, wenn sie schwerelos durch das Meer schweben. Ihr fast durchsichtiger Körper besteht zu etwa 98 Prozent aus Wasser. Doch hilflos sind sie deshalb nicht: Einige Arten wie die Blaue Nesselqualle und die Feuerqualle können sich mit Gift gegen Feinde wehren. Andere wie die Ohrenqualle sind hingegen harmlos.

Steckbrief
Name: Feuerqualle *(Cyanea capillata)*
Größe: Schirmdurchmesser bis 50 cm
Aussehen: gelblich bis braunrot
Nahrung: Plankton

Es geht auch ohne Hirn

Ein Gehirn haben Quallen nicht, dafür aber ein Nervensystem und Sinneszellen in der äußeren Zellschicht. Damit können sie Helligkeit wahrnehmen und unterscheiden, wo oben und unten ist.

Raffinierte Jäger

Feuerqualle und Blaue Nesselqualle sind sich bis auf die Farbe sehr ähnlich: Die Feuerqualle hat einen gelborangen Schirm, die Blaue Nesselqualle schimmert bläulich. Beide ernähren sich von Plankton, zum Beispiel von Krebstierchen, Fischeiern oder winzigen Lebewesen, die nur aus einer einzigen Körperzelle bestehen. Um diese Minibeute zu erwischen, breiten die Quallen ihre Tentakel wie ein Netz aus. Schon sitzt die Beute in der Falle.

Steckbrief
Name: Ohrenqualle *(Aurelia aurita)*
Größe: Schirmdurchmesser 20 bis 30 cm
Aussehen: weiß bis gelblich
Nahrung: Plankton

Garnelen

Mit Schirm und Tentakeln

Zwei dünne Zellschichten und dazwischen eine Masse wie Wackelpudding – aus viel mehr besteht der Körper einer Qualle nicht. Geformt ist er wie ein Schirm oder eine Glocke. Vom Rand hängen lange Tentakel oder Fangarme. Unter dem Schirm sitzt außerdem der sogenannte Magenstiel mit der Mundöffnung an der Unterseite.

Das nesselt!

Quallen gehören zu den Nesseltieren. An ihren Tentakeln haben sie winzige Kapseln mit einem Nesselgift. Bei Kontakt platzen die Kapseln auf und geben das Gift frei. Das brennt ähnlich wie bei der Berührung mit Brennnesseln. Im Wattenmeer musst du dich vor allem vor der Feuerqualle, auch Gelbe Haarqualle genannt, und der Blauen Nesselqualle in Acht nehmen.

Qualle mit Ohren?

Die Ohrenqualle gehört zu den harmlosen Quallen des Wattenmeers. Auch sie hat Nesselkapseln, das schwache Gift ist für uns jedoch ungefährlich. Vielleicht fragst du dich, woher diese Qualle ihren Namen hat: In der Mitte ihres Schirms liegen vier weißlich bis violett gefärbte Geschlechtsorgane, die die Form von Ohren haben.

Beobachtungstipp

Vor allem im Sommer werden immer wieder Quallen von der Flut an den Strand gespült oder bleiben bei Ebbe im Watt zurück. Dann kannst du sie genauer anschauen. Fass sie nicht an, sondern nimm ein Stück Treibholz, um den Quallenkörper zu bewegen.

Nachwuchs

Aus den Eiern der Quallenweibchen schlüpfen kleine Schwimmlarven. Sie entwickeln sich zu sogenannten Polypen, die den Winter auf dem Meeresboden verbringen und wie hohle kleine Stämme mit Tentakeln am oberen Ende aussehen. Im Frühjahr zerteilt sich der Polyp in flache Scheiben, aus denen sich die Babyquallen entwickeln.

Die Sandgrundel

Der Name verrät schon, wo sich dieser kleine Fisch die meiste Zeit seines Lebens aufhält: im Sand am küstennahen Meeresgrund, wo das Wattenmeer nicht tiefer als 10 bis 50 Meter ist. Die Sandfarbe der Grundel bietet die perfekte Tarnung für ein Leben am Meeresboden.

Bloß nicht auffallen!
Wenn sie einmal einen guten Platz zum Andocken gefunden hat, wartet die Sandgrundel nahezu reglos auf Beute wie kleine Krebstierchen oder Würmer. Je weniger sie sich bewegt, desto geringer das Risiko, dass Fressfeinde sie entdecken. Denn die Sandgrundel wird selbst leicht zur Beute von größeren Tieren. Auch junge Seehunde stellen ihr nach und üben an ihr das Fischefangen. Erst im Schutz der Dunkelheit wagen sich die Grundeln nahe an die Wasseroberfläche, um Plankton zu fressen.

Festgesaugt
Der Körper der Sandgrundel ist keulenförmig mit einem dicken runden Kopf, zum Schwanzende hin wird er immer dünner. Die Bauchflossen sind zu einer Art Saugnapf umgebildet. Damit kann sich die kleine Grundel auf dem Untergrund festhalten.

Steckbrief
Name: Sandgrundel
(Pomatoschistus minutus)
Größe: 5 bis 10 cm
Aussehen: sandfarben mit kleinen dunkleren Flecken, silbriger Bauch
Nahrung: Plankton, z. B. Krebstierchen und Würmer

Beobachtungstipp

Sandgrundeln halten sich oft in Prielen auf. Im Wattenmeer triffst du sie am häufigsten im Sommer und Herbst an. Für den Winter ziehen sie sich in tieferes Wasser zurück.

Laichzeit

Zur Paarungszeit ist es mit der Unauffälligkeit vorbei. Das Männchen bekommt nun eine dunklere Färbung. Schließlich will es von einem paarungswilligen Weibchen gesehen werden! Sandgrundeln können sich von April bis September fortpflanzen. Die Fischeier werden Laich genannt, daher heißt diese Zeit auch Laichzeit.

Eine Muschelhöhle

Das Männchen sucht nach einem guten Platz für den Nachwuchs. Eine leere, möglichst große Muschelschale muss es sein. Darunter gräbt das Männchen eine Höhle in den Sand. Falls die Schale falsch herum liegt, wird sie kurzerhand umgedreht, mit der gewölbten Seite nach oben. Das klingt leicht, ist aber für einen so kleinen Fisch eine ganz schöne Herausforderung.

Männersache

Wenn alles vorbereitet ist, lockt das Männchen eine Partnerin an. Das Grundelweibchen legt bis zu 3000 Eier ab, die es an die Muscheldecke der Höhle klebt. Den Rest überlässt es dem Männchen. Der werdende Papa bewacht den Laich. Mit fächelnden Bewegungen seiner Flossen sorgt er dafür, dass immer frisches Wasser in die Muschelhöhle strömt. Nach zwei bis drei Wochen schlüpfen Larven, aus denen sich kleine Sandgrundeln entwickeln.

Mini-Fische

Die Larven verstecken sich zwischen dem umhertreibenden Plankton, also inmitten von weiteren Fischlarven, Krebstierchen und anderen winzigen Meereslebewesen. Sobald sie sich zu etwa zwei Zentimeter kleinen Mini-Grundeln entwickelt haben, wechseln sie auf den Meeresboden, wo sie den Winter über weiterwachsen.

Die Plattfische

Kaum zu glauben, aber wahr: Zwei Drittel aller Fische im Watt sind platt – jedoch nicht von Geburt an. Die Verwandlung beginnt, wenn sie noch ganz kleine Fische sind. Die Tiere legen sich auf eine Körperseite und das untere Auge wandert neben das andere auf die gegenüberliegende Seite, sodass beide Augen nun nebeneinander sind. Scholle und Seezunge sind zwei typische Plattfische.

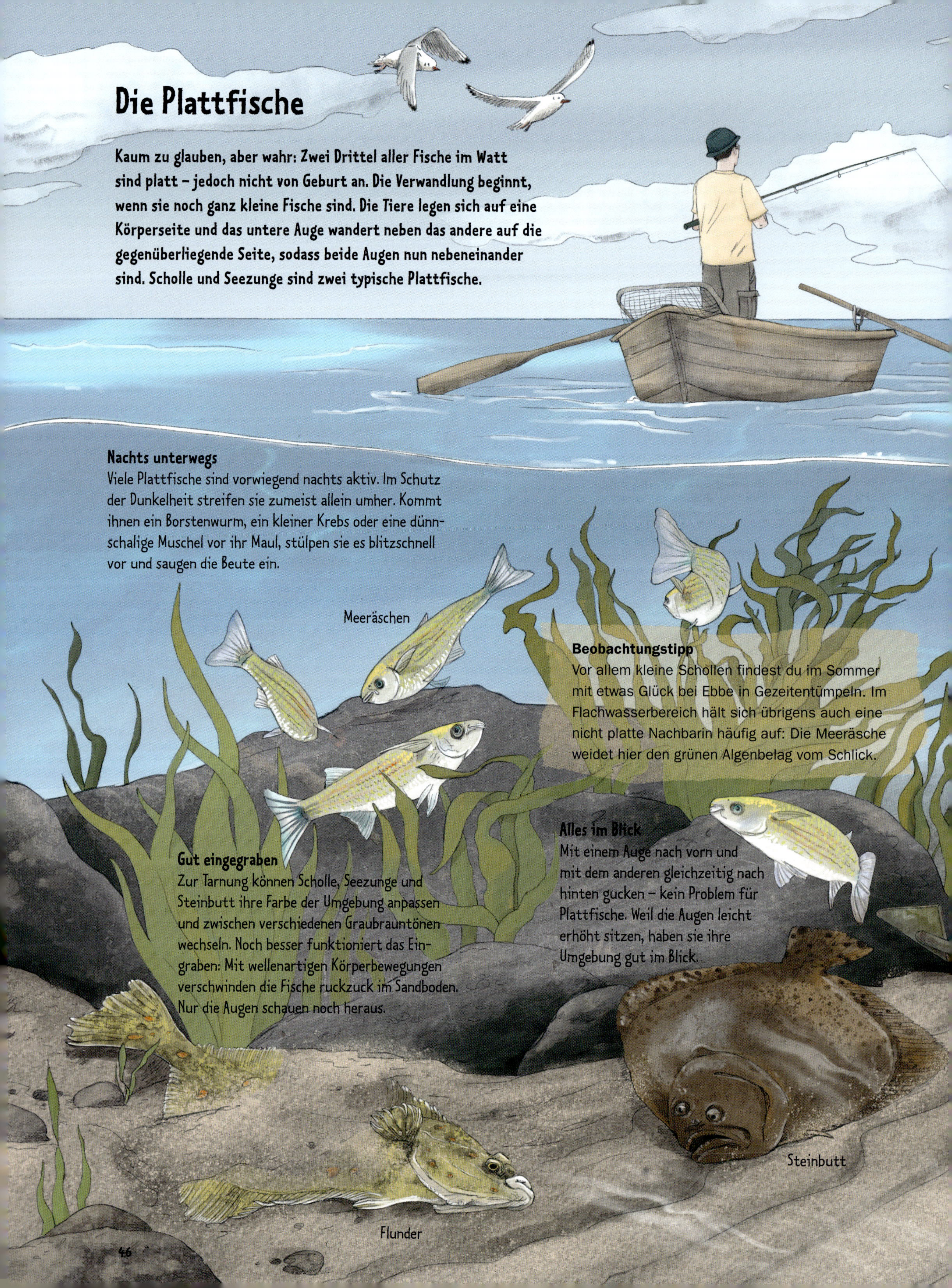

Nachts unterwegs
Viele Plattfische sind vorwiegend nachts aktiv. Im Schutz der Dunkelheit streifen sie zumeist allein umher. Kommt ihnen ein Borstenwurm, ein kleiner Krebs oder eine dünnschalige Muschel vor ihr Maul, stülpen sie es blitzschnell vor und saugen die Beute ein.

Beobachtungstipp
Vor allem kleine Schollen findest du im Sommer mit etwas Glück bei Ebbe in Gezeitentümpeln. Im Flachwasserbereich hält sich übrigens auch eine nicht platte Nachbarin häufig auf: Die Meeräsche weidet hier den grünen Algenbelag vom Schlick.

Gut eingegraben
Zur Tarnung können Scholle, Seezunge und Steinbutt ihre Farbe der Umgebung anpassen und zwischen verschiedenen Graubrauntönen wechseln. Noch besser funktioniert das Eingraben: Mit wellenartigen Körperbewegungen verschwinden die Fische ruckzuck im Sandboden. Nur die Augen schauen noch heraus.

Alles im Blick
Mit einem Auge nach vorn und mit dem anderen gleichzeitig nach hinten gucken – kein Problem für Plattfische. Weil die Augen leicht erhöht sitzen, haben sie ihre Umgebung gut im Blick.

Alle platt!

Platt wie eine Flunder – vielleicht hast du diesen Ausdruck schon einmal gehört? Auch die Flunder ist ein Plattfisch, der im Wattenmeer lebt. Und es gibt noch mehr, zum Beispiel die häufig vorkommende Kliesche und den Steinbutt, der mit bis zu 70 Zentimeter Länge der größte Plattfisch im Watt ist.

Kinderstube im Watt

Der Winter ist Paarungszeit. Schollen, Seezungen und andere Plattfische halten sich jetzt in der offenen Nordsee auf und geben ihren Laich in das Wasser ab. Nach 10 bis 20 Tagen schlüpfen die wenige Millimeter großen Fischlarven. Wenn sie zu knapp zwei Zentimeter großen Minifischen herangewachsen sind, haben die Meeresströmungen sie langsam ins Watt getrieben. Dort beginnt die Verwandlung zum Plattfisch.

Steckbrief
Name: Seezunge *(Solea solea)*
Größe: bis 60 cm
Aussehen: länglicher Körper, graubraun mit dunkleren Flecken
Nahrung: Muscheln, kleine Krebse und Würmer

Rechts oder links?

Plattfische können rechts- oder linksäugig sein. Das zweite Auge wandert entweder auf die rechte oder linke Körperseite. Schollen und Seezungen sind rechtsäugig: Beide Augen sitzen auf der rechten Seite, die linke Körperseite liegt unten. Sie wird Blindseite genannt.

Steckbrief
Name: Scholle *(Pleuronectes platessa)*
Größe: 20 bis 50 cm
Aussehen: rundlich-ovaler Körper, graubraun mit orangegelben Tupfen
Nahrung: Muscheln, kleine Krebse und Würmer

Der Schweinswal

Hättest du gedacht, dass es im Wattenmeer Wale gibt? Schweinswale zählen zu den kleinsten Walen überhaupt. Ihren Namen haben sie vermutlich schon in der Antike erhalten; der berühmte Aristoteles soll sie als Meerschweine bezeichnet haben. Sie werden aber auch Kleine Tümmler oder Braunfische genannt.

Steckbrief
Name: Gewöhnlicher Schweinswal *(Phocoena phocoena)*
Größe: etwa 1,60 m
Aussehen: rundlicher Körper mit dunkler Linie vom Mundwinkel bis zur Brustflosse, Oberseite graubraunschwarz, Bauchseite hell
Nahrung: Fische

Keine Fische!

Wale sind keine Fische, sondern Säugetiere. Die Walkühe bringen lebende Junge zur Welt, die sie mit Muttermilch säugen. Sie atmen auch nicht wie Fische über Kiemen, sondern müssen regelmäßig auftauchen, um Luft zu holen. Ein weiteres Erkennungsmerkmal ist ihre Schwanzflosse, die Fluke: Bei Walen ist sie immer waagerecht, bei Fischen senkrecht.

Spitze Zähne

Der Schweinswal ist ein Zahnwal: Zwischen 40 und 50 Zähne sitzen in seinem Maul. Kauen kann er damit aber nicht. Die Zähne helfen ihm nur, seine Beute festzuhalten, die er im Ganzen hinunterschluckt. Fettreiche Fische wie Heringe und Makrelen mag er besonders gern.

Kleine Wale

Im Juni kommen die Walkälber zur Welt. Sobald das Kalb mit der Fluke voran geboren wurde, schwimmt es zur Wasseroberfläche, um das erste Mal Luft zu holen. Die meisten neugeborenen Schweinswale machen das instinktiv, nur manchmal muss die Mutter nachhelfen und ihr Junges nach oben drücken.

Luft muss sein

Der Schweinswal ist kein ausdauernder Taucher. Spätestens nach sechs Minuten muss er an die Wasseroberfläche, um zu atmen. Deshalb werden ihm Netze so rasch zum Verhängnis: Wenn er sich darin verheddert, kann er nicht zum Luftholen auftauchen und erstickt.

Trinken und atmen

Zum Säugen legt sich die Walkuh dicht an der Wasseroberfläche auf die Seite. So kann das Kalb bequem an ihren Zitzen trinken und gleichzeitig atmen. Der kleine Wal ist bei seiner Geburt nur 60 bis 90 Zentimeter lang, aber er wächst schnell. Die ersten Fische probiert er mit etwa fünf Monaten. Er schwimmt immer dicht an der Seite seiner Mutter, von der er auch das Fischefangen lernt. Wenn er ein Jahr alt ist, trennen sich ihre Wege. Der junge Schweinswal ist nun selbstständig.

Unterwasser-Echo

Um sich unter Wasser zurechtzufinden und Beute aufzuspüren, stößt der Schweinswal in schneller Folge Ultraschalllaute aus. Das können alle Wale. Treffen die Schallwellen auf ein Hindernis, werden sie zurückgeworfen. Die Form dieses Schallbildes verrät dem Wal, ob es sich zum Beispiel um einen Felsen oder einen Fischschwarm handelt. Nur Fischernetze erkennt er auf diese Weise leider nicht. Jedes Jahr enden viele Schweinswale als unbeabsichtigter Beifang.

Beobachtungstipp

Schweinswale halten sich im Frühjahr gern in den flacheren Zonen des Wattenmeers auf. Du siehst sie am ehesten von einem ruhig und langsam fahrenden Boot aus. Taucht ein Schweinswal zum Luftholen auf, achte auf seine Rückenflosse, die Finne: Sie ist dreieckig geformt und ungewöhnlich klein. Wenn er ausatmet, klingt das, als ob er niest!

Der Katzenhai

Keine Sorge, du musst dich nicht fürchten! Die kleinen Nordseehaie, die nur selten im Wattenmeer auftauchen, sind völlig harmlos. Der Kleingefleckte Katzenhai ist zudem sehr scheu und verbringt die meiste Zeit am Meeresgrund. Nur junge Haie kommen näher an die Küste, wo das Wasser flacher ist. In den Seegraswiesen, wo Hornhecht und Hering ihre Eier ablegen, suchen sie nach kleinen Tintenfischen wie den Sepien.

Heringsschwarm

Steckbrief
Name: Kleingefleckter Katzenhai *(Scyliorhinus canicula)*
Größe: bis 100 cm
Aussehen: bräunlich gefleckter Rücken, heller Bauch, große schwarze Augen, breites Maul
Nahrung: Krebse, Würmer, Tintenfische

Spoiler auf der Haut

Ein Kennzeichen von Haien ist ihre raue Haut. Sie fühlt sich an wie Sandpapier. Unter der Lupe kann man sehen, dass auf der Haut lauter winzige Schuppenzähnchen mit Rillen sitzen. Ähnlich wie die Spoiler beim Auto bewirken diese „Mini-Spoiler", dass der Strömungswiderstand des Wassers vermindert wird. So kann der Hai schnell und energiesparend schwimmen.

Sepia

Unter Strom

Wie alle Haie hat der Katzenhai einen sehr guten Geruchssinn. In der Haut an seiner Schnauze befinden sich außerdem Sinnesorgane, mit denen er das elektromagnetische Feld von anderen Fischen wahrnimmt. Jedes Lebewesen produziert allein durch Muskelbewegungen oder Herzschlag solche elektromagnetischen Wellen. Der Katzenhai spürt genau, ob er eine große Robbe vor sich hat oder nur einen kleinen Fisch.

Beobachtungstipp

Achte auf angespülte Tangbüschel oder Algenstränge: Mit etwas Glück hängen Eikapseln des Katzenhais daran. Solche angeschwemmten Kapseln kannst du vor allem nach einer stärkeren Flut finden, wenn das Meer besonders aufgewühlt war.

Hornhecht

Ein Tier der Nacht

Den Tag verbringt der Katzenhai meist ruhend am Meeresgrund. Er hält sich in Tiefen bis zu 150 Metern auf. In der Dunkelheit wird er munter und begibt sich auf die Jagd.

Großer Bruder
Neben dem Kleingefleckten Katzenhai gibt es auch noch einen Katzenhai mit großen Flecken – folgerichtig heißt er Großgefleckter Katzenhai. Mit bis zu 1,60 Meter Länge wird er deutlich größer als sein kleiner Verwandter, aber auch er ist für Menschen harmlos. Im Wattenmeer hält er sich so gut wie nie auf.

Seemäuse
Die Eier von Katzenhaien haben einen lustigen Namen: Sie werden als Seemäuse bezeichnet. Wie richtige Eier sehen sie eigentlich nicht aus, sondern eher wie halb durchsichtige, kapselförmige Hüllen. Nach der Paarung legt das Haiweibchen bis zu 20 dieser Seemäuse in der Nähe von Unterwasserpflanzen ab. Die Kapseln haben lange Fäden an den Enden, mit denen sie sich in den Pflanzen verfangen. Wie in einem Nest können die Haibabys nun ungestört heranwachsen.

Mini-Haie
Es dauert acht bis elf Monate, bis die kleinen Katzenhaie schlüpfen. Sie sind dann knapp zehn Zentimeter groß. An ihrem Bauch hängt noch der Rest des Dottersacks, von dem sie im Ei gelebt haben. Aber nun müssen sie bald Nahrung finden. Ihr Instinkt sagt ihnen, wie das geht. Kleine Haie sind von Anfang an auf sich allein gestellt. Nicht alle überleben, viele fallen auch größeren Raubfischen oder Robben zum Opfer.

In Dünen und Salzwiesen

Am Übergang zwischen Meer und Land türmt der Wind den Sand zu Dünen auf. Dort, wo das Land zwischen Dünen und Deichen immer wieder überschwemmt wird, liegen die Salzwiesen. Beide Landschaften sind lebenswichtige Rückzugsgebiete für Brachvögel, Wildgänse und Goldregenpfeifer. Sogar Schmetterlinge wie die Rostbinde leben hier. Der Salzkäfer ist ein Spezialist für das Leben in salziger Umgebung, genauso wie das Mäuseöhrchen, eine kleine Schnecke. Und wenn du eine Lupe mitnimmst, findest du in den Dünen und Salzwiesen noch viel mehr kleine Überlebenskünstler.

Der Große Brachvogel

Der Brachvogel ist eine auffällige Erscheinung. Er gehört nicht nur zu den größten Vögeln im Watt, sondern hat auch den im Verhältnis zum Körper längsten Schnabel – schmal, leicht nach unten gebogen und bis zu 19 Zentimeter lang! Dieser Schnabel ist so etwas wie seine Lebensversicherung, denn damit kommt der Brachvogel an die im Winter besonders tief im Schlick verborgenen Würmer heran. Weil er so auch in der kalten Jahreszeit genug Nahrung findet, kann er im Wattenmeer überwintern.

Steckbrief
Name: Großer Brachvogel *(Numenius arquata)*
Größe: 50 bis 60 cm, Flügelspannweite bis 90 cm
Aussehen: auffällig langer Schnabel, hell- und dunkelbraun gesprenkeltes Gefieder
Nahrung: Würmer, Insekten, Schnecken, Muscheln

Nachwuchs

Brachvögel gehören zu den Bodenbrütern. Ihr Nest liegt einfach in einer flachen Mulde auf dem Boden. Wo keine geeignete Senke zu finden ist, scharrt das Männchen mit den Füßen eine Vertiefung in die sandige Erde. Ein wenig trockenes Gras oder Moos kommt als Polster hinein. Das Weibchen legt meist vier braun gesprenkelte Eier. 27 bis 29 Tage dauert die Brutzeit, dann schlüpfen die Küken. Als typische Nestflüchter folgen die Kleinen von Anfang an ihren Eltern. Es dauert aber noch fünf bis sechs Wochen, bis sie selbst flügge sind.

Groot Tüdelüt

Der Ruf des Großen Bachvogels klingt manchmal wie ein etwas trauriges Tüdelüt. Das hat ihm den plattdeutschen Namen Groot Tüdelüt eingebracht. Manchmal wird er auch einfach Großer Tütvogel genannt. Brachvogel heißt er nach seinen Rückzugsgebieten: Als Brache bezeichnet man Land, das landwirtschaftlich nicht genutzt werden kann, Dünen und Salzwiesen zum Beispiel.

Beobachtungstipp

Am besten kannst du den Großen Brachvogel mit einem Fernglas beobachten. Er ist nämlich sehr scheu und lässt Menschen kaum näher als 100 Meter an sich herankommen.

Zwischen Watt und Land

Brachvögel kommen meist zur Futtersuche ins Watt – hier gibt es jede Menge Würmer, Schnecken, Muscheln und kleine Krebse. Um zu schlafen, sich in Ruhe zu mausern oder zu brüten, ziehen sie sich in die Dünen und Salzwiesen zurück.

Keine Chance für Füchse

Füchse stellen vor allem den Küken nach, sie können aber auch erwachsene Vögel überwältigen. Weil Brachvögel sich nicht auf Bäumen, sondern fast immer am Boden aufhalten, sind sie in besonderer Gefahr. Deshalb wählen sie ihre Ruheplätze häufig zwischen Wasserrinnen oder feuchten Senken. Das ist schlau, denn Füchse mögen keine nassen Pfoten, sie sind sogar regelrecht wasserscheu!

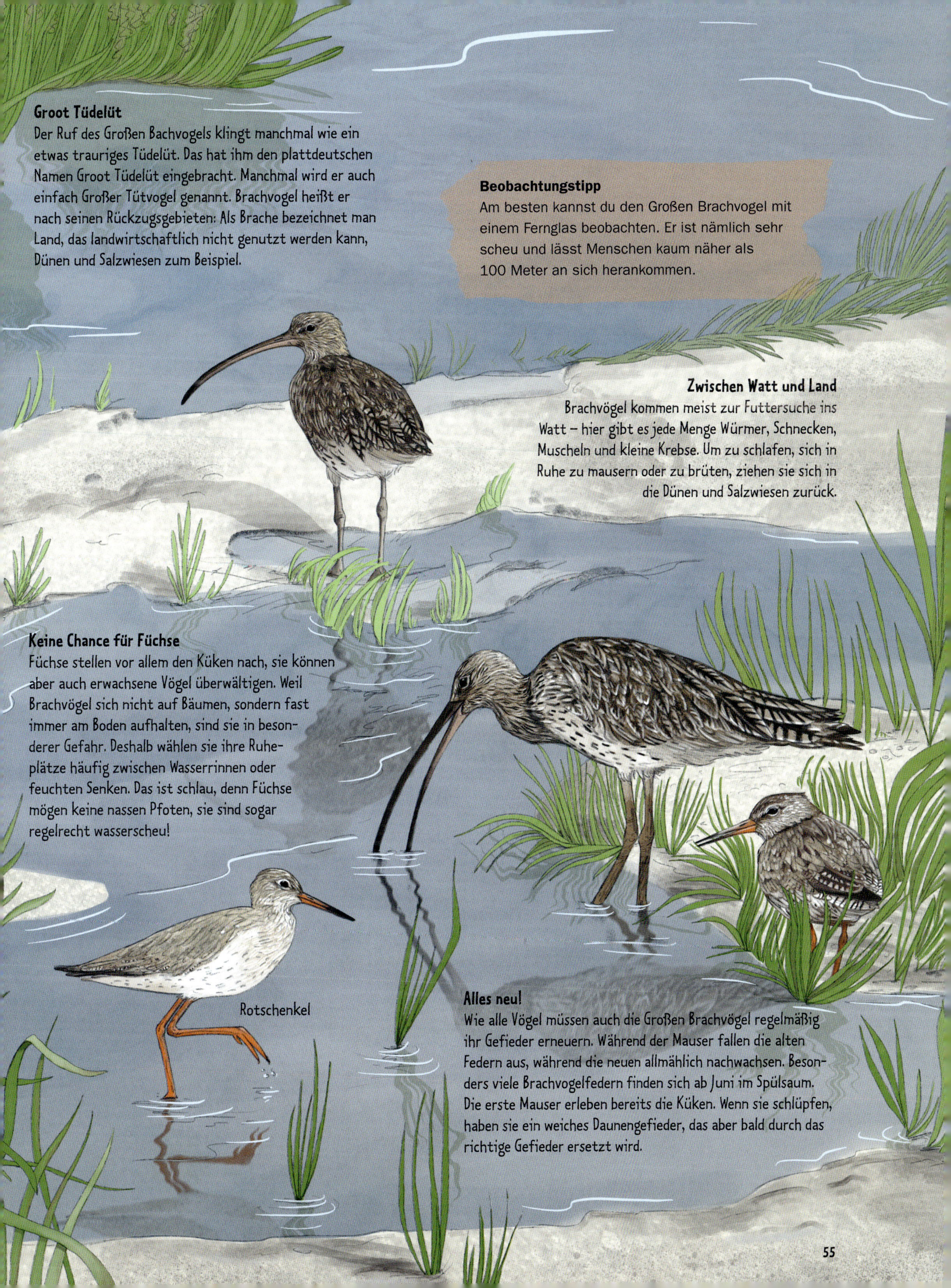

Alles neu!

Wie alle Vögel müssen auch die Großen Brachvögel regelmäßig ihr Gefieder erneuern. Während der Mauser fallen die alten Federn aus, während die neuen allmählich nachwachsen. Besonders viele Brachvogelfedern finden sich ab Juni im Spülsaum. Die erste Mauser erleben bereits die Küken. Wenn sie schlüpfen, haben sie ein weiches Daunengefieder, das aber bald durch das richtige Gefieder ersetzt wird.

Die Brandgans

Ganz schön verwirrend: Manchmal wird die Brandgans auch Brandente genannt. Tatsächlich rechnet man sie zu den Halbgänsen. Typische Gänsemerkmale sind der lange Hals und die nahezu gleiche Färbung von Männchen und Weibchen. An Enten erinnert dagegen das bunte Gefieder und die Ernährungsweise: Brandgänse mögen Kleintiere wie Schnecken und Würmer, echte Gänse sind fast ausschließlich Vegetarier.

Ab in die Höhle

Offene Nester sind nichts für Brandgänse. Sie ziehen sich lieber in eine Bruthöhle zurück. Besonders gern nutzen sie unbewohnte Kaninchenbauten, von denen es in den Dünen eine Menge gibt. Hier brüten oft mehrere Brandgänse dicht nebeneinander. Die Gans sitzt allein auf dem Gelege, das aus bis zu zehn Eiern bestehen kann. Das Männchen bleibt in der Nähe und hält Wache. Knapp vier Wochen dauert es, dann schlüpfen die Küken.

Im Gänsemarsch

Die kleinen Brandgänse folgen vom ersten Tag an ihren Eltern, die sie aus der Bruthöhle zum Wasser führen: Gans und Ganter voran, die Kinderschar im Gänsemarsch hinterher. Wenn noch mehr Gänse in der Nachbarschaft gebrütet haben, schließen sich die Kleinen manchmal wie in einem Kindergarten zusammen. So kann die Gänsefamilie plötzlich sehr groß werden! Bis zu 50 Tage lang bleiben die jungen Brandgänse in der Nähe der Erwachsenen.

Wer ist wer?

Wusstest du, dass in der Gänsefamilie jeder einen besonderen Namen hat? Die männliche Gans wird Ganter genannt, das Weibchen ist die Gans. Die kleinen Gänseküken heißen Gössel.

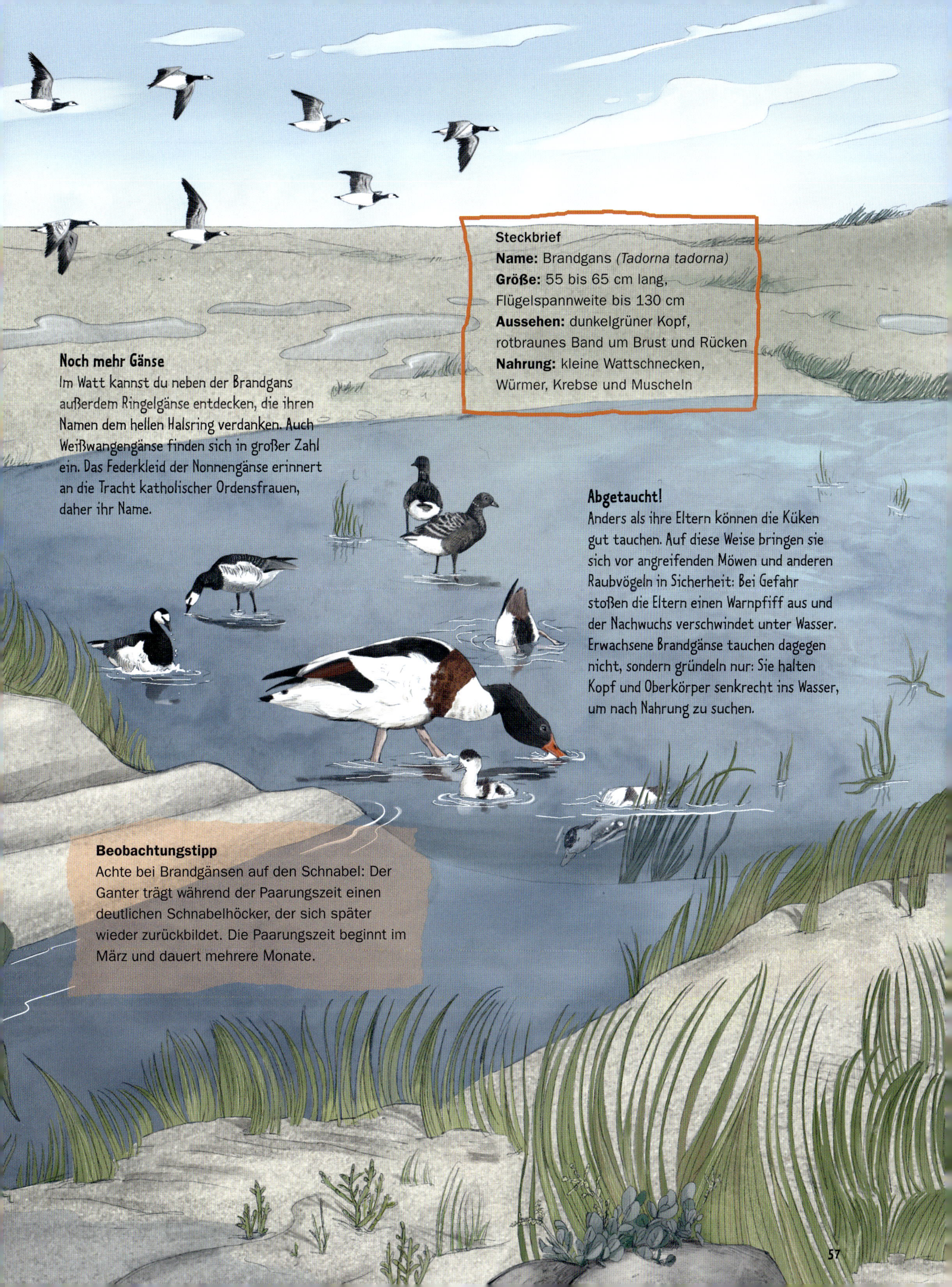

Steckbrief
Name: Brandgans *(Tadorna tadorna)*
Größe: 55 bis 65 cm lang, Flügelspannweite bis 130 cm
Aussehen: dunkelgrüner Kopf, rotbraunes Band um Brust und Rücken
Nahrung: kleine Wattschnecken, Würmer, Krebse und Muscheln

Noch mehr Gänse

Im Watt kannst du neben der Brandgans außerdem Ringelgänse entdecken, die ihren Namen dem hellen Halsring verdanken. Auch Weißwangengänse finden sich in großer Zahl ein. Das Federkleid der Nonnengänse erinnert an die Tracht katholischer Ordensfrauen, daher ihr Name.

Abgetaucht!

Anders als ihre Eltern können die Küken gut tauchen. Auf diese Weise bringen sie sich vor angreifenden Möwen und anderen Raubvögeln in Sicherheit: Bei Gefahr stoßen die Eltern einen Warnpfiff aus und der Nachwuchs verschwindet unter Wasser. Erwachsene Brandgänse tauchen dagegen nicht, sondern gründeln nur: Sie halten Kopf und Oberkörper senkrecht ins Wasser, um nach Nahrung zu suchen.

Beobachtungstipp
Achte bei Brandgänsen auf den Schnabel: Der Ganter trägt während der Paarungszeit einen deutlichen Schnabelhöcker, der sich später wieder zurückbildet. Die Paarungszeit beginnt im März und dauert mehrere Monate.

Der Goldregenpfeifer

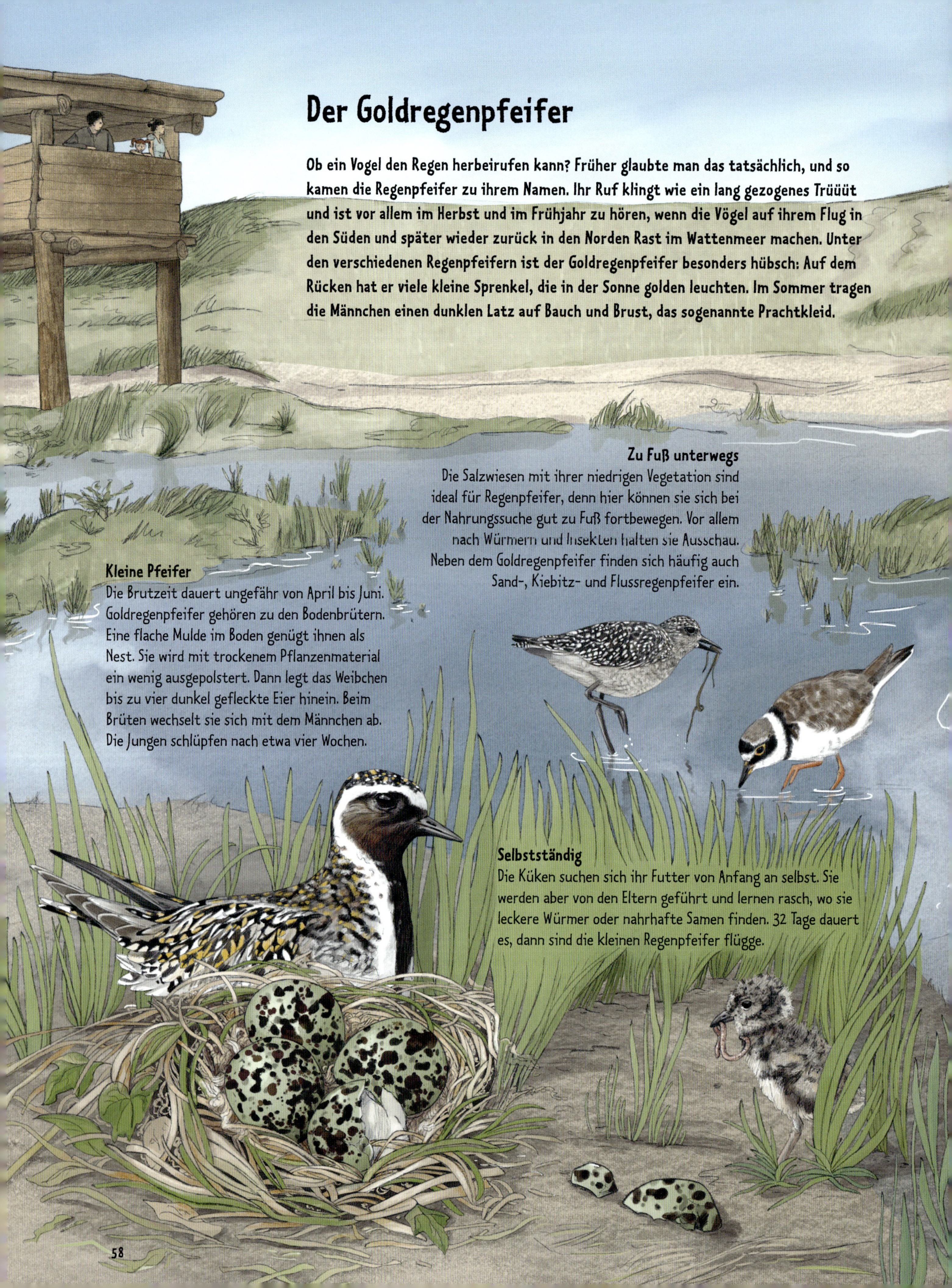

Ob ein Vogel den Regen herbeirufen kann? Früher glaubte man das tatsächlich, und so kamen die Regenpfeifer zu ihrem Namen. Ihr Ruf klingt wie ein lang gezogenes Trüüüt und ist vor allem im Herbst und im Frühjahr zu hören, wenn die Vögel auf ihrem Flug in den Süden und später wieder zurück in den Norden Rast im Wattenmeer machen. Unter den verschiedenen Regenpfeifern ist der Goldregenpfeifer besonders hübsch: Auf dem Rücken hat er viele kleine Sprenkel, die in der Sonne golden leuchten. Im Sommer tragen die Männchen einen dunklen Latz auf Bauch und Brust, das sogenannte Prachtkleid.

Zu Fuß unterwegs

Die Salzwiesen mit ihrer niedrigen Vegetation sind ideal für Regenpfeifer, denn hier können sie sich bei der Nahrungssuche gut zu Fuß fortbewegen. Vor allem nach Würmern und Insekten halten sie Ausschau. Neben dem Goldregenpfeifer finden sich häufig auch Sand-, Kiebitz- und Flussregenpfeifer ein.

Kleine Pfeifer

Die Brutzeit dauert ungefähr von April bis Juni. Goldregenpfeifer gehören zu den Bodenbrütern. Eine flache Mulde im Boden genügt ihnen als Nest. Sie wird mit trockenem Pflanzenmaterial ein wenig ausgepolstert. Dann legt das Weibchen bis zu vier dunkel gefleckte Eier hinein. Beim Brüten wechselt sie sich mit dem Männchen ab. Die Jungen schlüpfen nach etwa vier Wochen.

Selbstständig

Die Küken suchen sich ihr Futter von Anfang an selbst. Sie werden aber von den Eltern geführt und lernen rasch, wo sie leckere Würmer oder nahrhafte Samen finden. 32 Tage dauert es, dann sind die kleinen Regenpfeifer flügge.

Verfolgt

Der Goldregenpfeifer hat es nicht leicht: Weil sein Fleisch und seine Eier begehrte Leckerbissen waren, wurde er fast bis zur Ausrottung gejagt. Zusätzlich ist sein Lebensraum immer weiter geschrumpft: Zum Brüten möchte sich der kleine Vogel in ruhige Moore, Heidelandschaften und feuchte Wiesen zurückziehen, diese sind aber selten geworden. Die Hauptbrutgebiete liegen heute in Skandinavien, auf Island und in Großbritannien.

Fang mich!

Wenn ein Eindringling dem Nest zu nah kommt, greift der Goldregenpfeifer zu einem Trick. Er versucht den Feind wegzulocken, indem er ein paar Schritte voraneilt, dann plötzlich stoppt, wartet und wieder ein Stück weiterläuft, als wollte er sagen: Na los, du kriegst mich! – ätsch, doch nicht! Hat er seinen Verfolger weit genug weggelockt, zeigt der Regenpfeifer, dass er sehr wohl fliegen kann, und kehrt auf Umwegen zum Nest zurück. Reingelegt!

Steckbrief
Name: Goldregenpfeifer *(Pluvialis apricaria)*
Größe: bis 29 cm lang, Flügelspannweite bis 75 cm
Aussehen: goldfarben gesprenkelter Rücken, dunkle Unterseite
Nahrung: Würmer, Insekten, Spinnen, Schnecken, Beeren und Samen

Beobachtungstipp

Achte in den Salzwiesen auf einen Vogel, der sehr aufrecht hin und her eilt und dann plötzlich innehält – die typische Fortbewegungsart eines Goldregenpfeifers, der am Boden nach Futter sucht.

Schnecken, Käfer, Schmetterlinge

Was für ein seltsamer Käfer ist da eben vorbeigekrabbelt? Und dort am Strandhafer, ist das nicht ein Schmetterling? Tatsächlich leben im Watt nicht nur Meerestiere und Vögel. Dünen und Salzwiesen sind auch das Zuhause vieler Insekten und anderer kleiner Tiere, zum Beispiel der Rostbinde, des Salzkäfers und des Mäuseöhrchens. Es lohnt sich, den Blick nach unten zu richten: Entdeckst du noch mehr Tiere?

Beobachtungstipp
Nimm eine Lupe mit, wenn du die kleinsten Wattbewohner beobachten möchtest. Auf den Nordfriesischen Inseln und Halligen findest du vielleicht den purpurfarbenen Halligflieder-Spitzmaus-Rüsselkäfer. Er hat einen beeindruckend langen Namen, wird aber nur vier Millimeter groß. Trocken und sandig mag es die Blauflügelige Ödlandschrecke. Diese Heuschrecke kommt in den Dünen besonders häufig vor.

Steckbrief
Name: Prächtiger Salzkäfer
(Bledius spectabilis)
Größe: bis 6 mm
Aussehen: schwarz mit roten Flügeldecken
Nahrung: Algen

Der Prächtige Salzkäfer
Schlank und wendig ist dieser kleine Käfer, den es fast nur in den Salzwiesen des Wattenmeers gibt. Er kann sogar fliegen, denn unter seinen festen Flügeldecken sitzen fein zusammengefaltete Hautflügel, die sich aufspannen lassen. Salzkäfer graben sich mit ihren kräftigen Kieferzangen und den dornenbesetzten Beinen Wohnröhren in die Erde. Bis zu 10 Zentimeter tief kann die Käferwohnung sein. Der Salzkäfer verlässt sie nur, um nach einem Partner zu suchen oder um zu fressen: Er weidet die winzig kleinen Algen ab, die auf dem Boden wachsen.

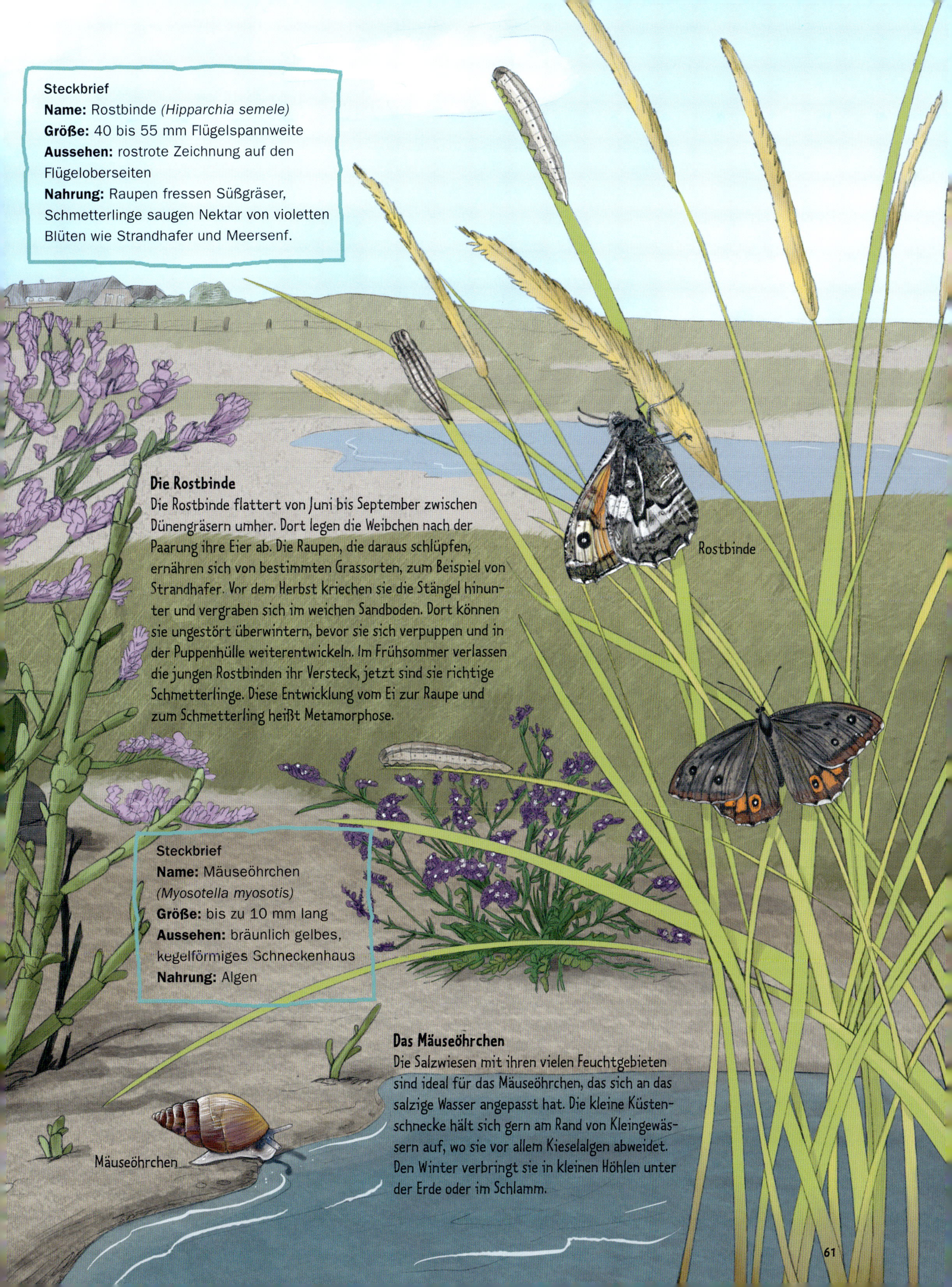

Steckbrief
Name: Rostbinde *(Hipparchia semele)*
Größe: 40 bis 55 mm Flügelspannweite
Aussehen: rostrote Zeichnung auf den Flügeloberseiten
Nahrung: Raupen fressen Süßgräser, Schmetterlinge saugen Nektar von violetten Blüten wie Strandhafer und Meersenf.

Die Rostbinde

Die Rostbinde flattert von Juni bis September zwischen Dünengräsern umher. Dort legen die Weibchen nach der Paarung ihre Eier ab. Die Raupen, die daraus schlüpfen, ernähren sich von bestimmten Grassorten, zum Beispiel von Strandhafer. Vor dem Herbst kriechen sie die Stängel hinunter und vergraben sich im weichen Sandboden. Dort können sie ungestört überwintern, bevor sie sich verpuppen und in der Puppenhülle weiterentwickeln. Im Frühsommer verlassen die jungen Rostbinden ihr Versteck, jetzt sind sie richtige Schmetterlinge. Diese Entwicklung vom Ei zur Raupe und zum Schmetterling heißt Metamorphose.

Steckbrief
Name: Mäuseöhrchen *(Myosotella myosotis)*
Größe: bis zu 10 mm lang
Aussehen: bräunlich gelbes, kegelförmiges Schneckenhaus
Nahrung: Algen

Das Mäuseöhrchen

Die Salzwiesen mit ihren vielen Feuchtgebieten sind ideal für das Mäuseöhrchen, das sich an das salzige Wasser angepasst hat. Die kleine Küstenschnecke hält sich gern am Rand von Kleingewässern auf, wo sie vor allem Kieselalgen abweidet. Den Winter verbringt sie in kleinen Höhlen unter der Erde oder im Schlamm.

Tipps und Adressen

Fernglas nicht vergessen!

Die Seehunde sind ziemlich weit weg, der Vogelschwarm am Himmel ebenso und den Schmetterling dort hinten kannst du auch nicht deutlich erkennen? Alles kein Problem, wenn du ein Fernglas bei dir hast. Bei der Beobachtung von Wildtieren ist es oftmals unverzichtbar.

Abstand halten!

Die meisten Wildtiere sind scheu und reagieren empfindlich auf Störungen, das gilt im Watt genauso wie in jedem anderen Lebensraum. Deshalb ist es wichtig, dass du dich von ausgewiesenen Ruhezonen fernhältst, Lärm vermeidest und auch keinen Müll herumliegen lässt.

Viel zu entdecken

Sei nicht enttäuscht, wenn du vielleicht nicht alle im Wattenmeer lebenden Tiere zu Gesicht bekommst. Eine tolle Alternative sind die Meeresaquarien, die es in vielen Orten an der Küste und auf den Inseln im Wattenmeer gibt. Ein Besuch lohnt sich auch in den zahlreichen Info-Zentren und Nationalpark-Häusern des Nationalparks Wattenmeer. Eine Übersicht findest du im Internet unter www.nationalparkhaus-wattenmeer.de.

Nützliche Adressen:

Aquarium Wilhelmshaven
Südstrand 123
26382 Wilhelmshaven
www.aquarium-wilhelmshaven.de

NABU Schleswig-Holstein Whale-Watching,
Schweinswal-Touren in der Flensburger Förde
schweinswalschutz@nabu-sh.de

Nationalpark-Haus Neuwerk
Insel Neuwerk 6
27499 Hamburg-Insel Neuwerk
siehe unter www.nationalpark-wattenmeer.de

Nationalpark-Zentrum Multimar Wattforum
Dithmarscher Str. 6
25832 Tönning
www.multimar-wattforum.de

Seehundstation Friedrichskoog
An der Seeschleuse 4
25718 Friedrichskoog
www.seehundstation-friedrichskoog.de

Seehundstation Norddeich
Nationalpark-Haus
Dörper Weg 24
26506 Norden
www.seehundstation-norddeich.de

Register

Inhaltsverzeichnis